想改变世界的你如何不被改变

男生○

○李 玲/著

河北科学技术出版社
·石家庄·

声明

本书所引用案例均已获得当事人同意，所有人名都是化名。

图书在版编目（CIP）数据

想改变世界的你如何不被改变. 男生 / 李玲著. -- 石家庄：河北科学技术出版社，2022.9
ISBN 978-7-5717-1221-1

Ⅰ. ①想… Ⅱ. ①李… Ⅲ. ①男性－青春期－心理健康－健康教育 Ⅳ. ①G444

中国版本图书馆CIP数据核字（2022）第145121号

想改变世界的你如何不被改变·男生
XIANG GAIBIAN SHIJIE DE NI RUHE BU BEI GAIBIAN NANSHENG

李 玲 著

选题策划：	小萌童书/瓜豆星球
责任编辑：	李 虎
特约编辑：	崔 薇 徐艳硕
美术编辑：	张 帆
装帧设计：	瓜豆星球
出　　版：	河北科学技术出版社
地　　址：	石家庄市友谊北大街330号（邮编：050061）
印　　刷：	三河市国新印装有限公司
经　　销：	全国新华书店
开　　本：	787mm×1092mm 1/32
印　　张：	7
字　　数：	150千字
版　　次：	2022年9月第1版
印　　次：	2022年9月第1次印刷
定　　价：	38.00元

版权所有 侵权必究
如发现图书印装质量问题，请与我们联系免费调换。客服电话：010-56421544

前言

你是否经常怅然若失于自己没有那么优秀;渴望实现梦想,却又常常迷失于我到底是谁?渴望标新立异,却又常常担心自己和别人不一样;渴望真挚的友谊,却又常常被不被理解、不被接纳的阴霾笼罩;渴望向父母证明独立,却又非常需要来自父母的理解和支持;渴望证明自己长大,却又经常感到迷茫而不知所措;渴望异性友谊,却又容易一不小心陷入青春情感的泥淖……

你是否已经感觉到,长大的渴望和不期而遇的迷茫交织在你的内心中,让你对世界充满激情,但也不由得纠结重重?

有人以为你在闹情绪,有人以为你听不进道理。

其实都不是。处于青春期的你很需要支持,很需要道理。只不过,你渴望的支持,不再是吃喝拉撒睡这些简单的照顾和支持,而是能够深入到心中,能够深深地理解你的欢笑与忧愁的精神支持。你很排斥说教的大道理,因为那让你觉得"又来教训我,我又不是小孩子",从而产生逆反,但是,你却渴望父母、师长在理解你感受的基础上给予用心指引,那是一种站在你的位置,愿意倾听你的声音,愿意感受你的情绪,愿意和你一起探讨、想办法,愿意将自己的理解真诚托出的真心的陪伴。

多年来,我一直担任多家媒体的青春期信箱的咨询师及专栏作者,通过书信的方式,对遇到各种各样问题的青春期少男少女们给予引导和帮助,深得中学生们的喜爱。相信,在他们的信件中,在他们在咨询室的倾诉中,你能看到你自己的影子,能够感受到你自己的挣扎、自己的渴望,当然,你也能看到你自己的力量和属于你的希望。

本书除了以信件、咨询室故事等最直接的方式呈现男孩女孩们关心的话题外,还对信件中涉及的话题进行深入解读,以帮助你更好地认识自己、接纳自己、发现自己、欣赏自己;同时,也帮助爸爸妈妈们,更好地了解青春期的孩子们有哪些特点,能更好地倾听他们的心声,从而能更好地关爱他们,更好地给予他们支持,帮助他们更好地迎接美好的未来。

是的,因为青春,一切都生机勃勃,因为年轻,一切都绽放希望。

李 玲
2022 年夏于北京

目录

矛盾重重的青春期 / 1
变化

我渴望与世界和解 / 45
社交

请给我有尊严的爱 / 71
家庭关系

不是烦恼太多,而是心胸不够宽广 / 107
内心矛盾

为梦想加油,努力成为自己喜欢的样子 / 143
未来

仰望星空,少年的路在脚下 / 177
学业

PART 1 变化

矛盾重重的青春期

本想露个脸，
却总是露屁股

晨杰是一位剃着平头的男生。我对他印象深刻，因为我们第一次见面时，他的胳膊正打着石膏，被绷带绑得粗粗的，放在一个硬纸板儿做成的托板上。

跟晨杰一起来的是他妈妈，气质优雅，穿着旗袍，头发梳理得一丝不乱。不过，她那天有点着急，屁股还没落座，就开口了："我最近被他吓得心脏都不太舒服了，我总在想，那天楼下要是正好有汽车开过怎么办？或者堆放了废弃的装修材料怎么办？想着想着，我就一身冷汗，半夜睡觉，也会被惊醒……"

晨杰妈妈述说的是发生在三天前的事情。那天中午，晨杰和妈妈在家，妈妈的一位同事忽然来访。说巧不巧，就在开门的一瞬间，晨杰妈妈发现，门锁坏了，从里面打不开门。于是，晨杰妈妈想请同事帮着用钥匙从外面开下门试试。她包好钥匙，交给晨杰，让他通过窗户给同事扔下去。

晨杰妈妈刚转身，就听到身后扑通一声，紧接着传来同事的尖叫声。她慌忙跑到卧室的窗前，却发现儿子带着钥匙从窗户跳了下去，蹲在地上抱着受伤的胳膊，紧紧地咬着牙，脸上呈现出痛苦的表情。

"你说说这孩子，多不让人省心，还好受伤的是胳膊，要是脑袋着地，那可咋办？"晨杰妈妈叹口气说。

不过，晨杰做过的出格的事，可不止这一件。一次，他们全家自驾到了一个小山村，晨杰偷偷开了爸爸的车子出去兜风，而且还超速驾驶；暑假时，为一个转学的同学送行，晨杰花几千块钱买了一个高级电玩作为送别礼物；还有一次，在大马路上玩滑板，晨杰差点迎面撞上疾驰的汽车……

说起这些事情，晨杰的妈妈一脸无奈："我真是怀疑，他大脑里有条线路搭错了！"

晨杰看看妈妈，不以为然地笑了一下，继而又低下了头。为了让晨杰能谈谈心里话，我决定用一个心理游戏来引导他。

"刚才你妈妈说的这些事情是真实发生的吗？"

"是的！"晨杰点点头。

"好，那现在，就为每件事情来选择一种动物，对应你当时的感受好吗？"

一听到要玩游戏，这个一米七的小伙子立马打起了精神。很快，晨杰分别为妈妈谈起的几件事，选择了相应的动物。

跳楼事件——雄鹰

开车事件——狮子

礼物事件——狼

滑板事件——猎豹

接下来，我请晨杰谈一下，自己对这些动物的感觉。

"雄鹰很矫健，狮子很威风，狼嘛，我看过《狼图腾》，它们聪明而义气；猎豹很矫捷……"晨杰脸上的表情生动起来，和妈妈脸上的担忧和无奈形成了强烈的反差。

"看来，你做这些事情时，感受还是不错的！"

"嗯！"晨杰腼腆地笑着回答，"事后也挺后怕的，不过当时真没想那么多！"

在做这些事情的时候，晨杰会感觉自己很能干，甚至在幻想，他的同学和好友要是在身边该多好，这样，他们就可以一睹他的风采了！这是青春期男孩普遍存在的心态——英雄主义情结，即渴望做出常人无法做到的事情，进而引起别人的羡慕和崇拜，彰显自己的力量。

"你在学校里，有哪些事情能带给你英雄一样的感受呢？"我问晨杰。

晨杰想了想，摇了摇头，继而说道："很少！我在上小学时，一直是班里的班干部，学习成绩也很棒，现在想来，那种被同学仰慕的感觉应该有点像英雄吧！但上了中学后，我一直不是很得志，成绩没有以前好，上学期竞选体育委员，也以一票之差落选。反正……我觉得我现在挺失落的，没有什么事情让我觉得骄傲和自豪……"晨杰摊了摊手。

"所以，你就通过做一些出格的事情来引起别人的关注，是吗？"

晨杰微微一愣，然后说道："哦，我还真没这么想过，不过……您这么一说，我觉得是有那么一点吧，可能是我潜意识里的想法吧！"

"你能面对自己的真实需求，并勇于剖析自己的内心想法，这是一种很有勇气的表现。"

接下来，我与晨杰探讨了正确建立价值感的方式：

"出格的事情,虽然能在瞬间让你体验到英雄的感觉,但后果往往也是有危害性的。比如这次,你就以身体受伤为代价。"

晨杰表示赞同。

我又递了一张白纸给晨杰,并让他回忆一下,有哪些事情,是他喜欢做的。不一会儿晨杰就写下了好几项:长跑、演讲、刻橡皮章、养小动物……晨杰说,这些都是他过去的业余爱好,现在他都快把它们忘了。

我鼓励晨杰重拾这些业余爱好,因为这些爱好是他生活中的财富,不但可以让生活更有热情,而且,对良好心理素质的培养也很有益。同时,他还能在这些爱好中满足自我价值。

在梳理的过程中,晨杰意识到,其实中学里也有很多表现自己特长的机会,只是他没有去积极把握而已。他表示接下来要积极地把握这些机会。

相信,当晨杰学会从正确的途径去展现自我价值时,他的出格行为会越来越少,并且获得真正的关注和掌声。

避免"出格""冲动"的小妙招

学会正确地体现自己的价值,比如,克服生活和学习中的困难,帮助某个需要帮助的人,你会闪闪发光的。

培养业余爱好,恰当时显露一把,也是不错的选择。

冲动时,换个环境,深呼吸,让自己冷静三分钟再做决定;或者给一个沉稳的人打个电话,有时候听听别人的看法,也有助于恢复冷静。

如何
让不快乐的自己快乐起来

老师：

您好。我是石头豆，一名正在上初一的男生。虽然我总是不快乐，但是我希望您是快乐的……

表面上看，我应该算是一个很幸福的孩子吧，我爸爸是公司老总，我从小生活条件就很优越，在我不到十岁的时候，已经去过十几个国家旅游了。

但这又有什么用呢？我的照片上印着快乐的笑容，但我知道我的心里有多不快乐……

我也不知道我怎么就不快乐，可能因为我父母感情不太好，总是吵架，或者因为我小心眼，遇到点事情总想不开。比如与同学闹了矛盾，我会一个星期都不开心；有时候也因为老师更偏心别的同学，而使得我很不开心。总之，我有一万个不开心的理由！

我有时候特别羡慕我的同桌，他大大咧咧的，每天都很开心。我问他咋就那么开心，他说："开心也是过，不开心也是过，为什么不开心点呢？"

哦！我可没有他这样的胸襟。

我也写日记，但记录的除了忧伤就是一些让我愤怒的事情。

前不久，妈妈的一位朋友还建议妈妈带我去医院看看，别是抑郁症。不过还好，检测结果我不是抑郁症。

我也很想寻找快乐，但我怎么能找到呢？您能告诉我些方法吗？

石头豆

石头豆：

你好。

在美国加州有一位富豪，他在七十多岁的时候遭遇破产，一夜之间变得一贫如洗。很多人都认为，这种打击足以让一位风烛残年的老人万念俱灰，然而，让大家没有想到的是，老人不但没有倒下，反倒重整旗鼓，重新获得了财富。当大家惊愕于老人坚定的信心和超凡的意志时，老人却拿出一个厚厚的日记本，对大家说："如果你们能拥有它，也会变得和我一样强大。"原来，老人的日记本里，记载的都是平日里快乐的点点滴滴。老人说，正是这些细流般的快乐，汇集成了乐观与从容，进而转化成了强大的心理能量。

可见，快乐，不仅仅是当下的微笑与歌声，更是储备心灵能量的一种方式。心理学家认为，频繁的快乐，可以让人变得乐观，可以激起对生活的更多热爱之情，也可以转化成人与人交往的润滑剂，因为每个人都希望与快乐的人相处。同时，快乐的心境还可以激发创作的灵感，提高学习和工作的效率……总之，快乐的作用可谓是举足轻重！

然而，要想获得快乐，除了无意识的快乐外，更需要有一种主动的意识，即能主动去寻找快乐，感受快乐，甚至在缺少快乐的时候，能创造快乐，还要懂得去积累快乐。如此一来，快乐体验才能频繁，才能在我们的生活中发挥更大的作用。

亲爱的石头豆，你不妨从小事做起，培养自己的快乐能力吧！首先，培养自己发现快乐的眼睛和感受快乐的心灵。比如，同样是坐在宽敞明亮舒适的屋子里，每个人感受到的快乐是不一样的。那些为打造这个舒适环境付出了努力的人，会更容易感受到开心快乐。因此，主动付出自己的努力，是获得快乐的途径之一。比如，平时可以参与一些家务劳动，帮父母做一些家务事，在享受劳动成果时，就更容易快乐了。在参与过程中，投入得越多，对快乐的体会就会越浓烈。

其次，多一些小创意，快乐就会源源不断。有一位同学，经常将水果雕刻成各种小动物，并拍成照片积累起来，没事的时候拿出来看看，就是很快乐的享受。赶快发现一下你身边的事物，看看哪些能够被你的创意激发出新的价值？现在就赶快行动吧！

另外，要学会丰富自己的精神世界。一部经典的影片，一本有益的图书，都可以触发思考，陶冶情操。一个精神世界丰富的人，就算在沙漠中，也依然能从自己的内心中去挖掘快乐。

你不妨像美国加州那位令人钦佩的老人一样，将自己点点滴滴的小快乐以及创造快乐的心得记录下来。不时地拿出来翻翻，你会发现，昔日的那些快乐体验，依然泛着新鲜和激动向你涌来。经过长期的积累，你就有一个千金不换的"快乐存折"了。

李玲

找到快乐的小妙招

每天感恩三件事：去发现生活中令你感恩的事情，不一定是轰轰烈烈的大事，有时候，一缕阳光，也可以让我们感觉到生命被眷顾的温暖。去感恩生活的点点滴滴，坚持一段日子，你会发现自己体会快乐的能力增长了很多。

对着镜子笑一笑：随着嘴角的上扬，看到面带笑容的自己，心里会感受到真的快乐。然后赶快行动起来，去做点事情，收拾房间，或者读读喜欢的书，心情都会不一样。

感受自然：走近大自然，去感受一棵树、一棵草、一朵花，就像倾听好朋友聊天一样，让大自然的能量唤醒你的快乐细胞吧。

别人都说青春无悔，
可我偏偏爱后悔

老师：

　　您好。

　　不知道为什么，我总是做一些令自己后悔不已的事，为此感到深深的苦恼。就拿这次期末考试来说吧，如果我能认真复习，肯定可以考得很好。可是，考前复习的那段时间里，恰好有一部我超级喜欢的电视剧在热播，我便趁爸爸妈妈加班不在家的时候偷偷地看，所以没有好好复习，结果期末考试的成绩特别不理想，我真是后悔死了。类似于这样的事情还有很多，比如，每个月的零用钱，我总是稀里糊涂地就花掉了；有时候，我因为心情不好对着同学或者好朋友发脾气，但过后就会后悔……总之，我太容易后悔了，您说我该怎么办啊？

烦恼的李文

李文：

　　其实不止你，生活中的每一个人，都品尝过后悔的滋味。具体来讲，人们产生后悔情绪主要有两个原因。一个是疏忽大意，很多时候，我们虽然已经对事情的消极后果有一定的预知，但是由于疏忽大意或对其他可能出现的后果的强烈渴求，使得我们明知可能会出现不良后果，但依然坚持了原有的行为，一旦导致不良后果，人们就会陷入深深的后悔中。

另外，盲目乐观是人们产生后悔的另一大原因。盲目乐观不是自信，而是对事件缺少全面的认识。盲目乐观的人在制订行动方案时，会有意回避不利的信息，对未来可能面临的困难和危险不加考虑，当困难真的出现时，又缺少解决的方法和面对的勇气，于是陷入一种"如果当时……就……"的后悔感慨中。

现在对照你所后悔的每一件事回想一下，比如说，期末考试，你不是不知道不复习就考不好，但是由于受电视剧的强烈诱惑，你又暂时地逃避考试成绩不理想这个结果，继续沉溺于电视剧中，直到这个结果来临，无法逃避了，你便陷入了后悔中。

虽然后悔情绪是我们每个人都会产生的，但是有一种类型的人，更容易产生后悔情绪。在生活中，人们对影响自己生活和命运的因素的看法是不相同的，有些人认为，事情的过程和结果都是由自身具备的内在素质决定的，相信凭自己的能力和所做的努力能控制事态的发展，有这种倾向的人被称为"内控型人"；而有些人则认为自己受命运、运气和他人的摆布，自己的行为总是被难以预料的行为牵着，有这种倾向的人被称为"外控型人"。心理学家认为，外控型的人更容易产生后悔情绪，因为遇到问题，他们的第一反应是出现的结果是不可控的，容易把一切后果归因成当时选择的结果，从而更容易后悔所做的选择。

那么，如何摆脱被后悔的负面情绪所干扰呢？首先，接纳自己后悔情绪很重要。后悔虽然是一种负面情绪，但却不一定造成负面的结果，它至少提醒我们，以前的做法和行为出现问题了，该好好思索一番了。当后悔情绪出现时，你越是反抗，越是不接纳就越是痛苦，相反，如果能对自己说："很难得啊，我开始后悔了，说明我开始醒悟了，我要改变错误的状态，走向成功。"这样一想，后悔也变得可爱起来，随之也会给生活带来积极的意义。

其次，换个角度看后悔。产生后悔情绪的人通常会陷入"如果……就……"的思考状态。比如，如果我当时用心复习，成绩就能理想了。沿着这条思路持续想下去，是非常消耗精神的。这个时候，不妨让自己换一条思路，"下次……我要……"，比如，下次考试前，我要好好复习。这样一来，就将自己的注意力牵引到未来的努力上面，而不是在懊悔的海洋里沉浮。

你不妨尝试一下以下的方式：首先，想出三件自己最为后悔的事情，将它们写在一张纸上。其次，去想一下，如果当时怎么做，你现在就不会后悔了。注意，这一步很关键。很多同学常常会想一些自己原本做不到的事情，比如果我每天早晨五点起，晚上十二点睡，我就一定可以考试及格。这样以健康为代价的方式是不可取的，而且也是难以坚持的。第三步要去给自己行为计划的可实现性打分。最后以"不后悔"为目标进一步调整行为计划。直到你觉得可以做到为止。当然，在调整的过程中，你也可能会发现，现实的行为是很难达到不后悔的状态的。那就说明，你这个后悔本身就有被夸大的成分，那就应该降降后悔"浓度"了。

好了，接下来的一步，就是去行动。按照你调整好的计划去行动！

总之，吃一堑，必须长一智，将后悔变成督促我们成长的力量，这样的后悔才是有意义的，否则，沉溺于后悔之中只是徒劳。

李玲

从后悔中突围的小妙法

大胆承认后悔的事情：不掩饰，不逃避，真实面对内心需要很大的勇气，当然也包括面对后悔在内。承认某件事情，你真的感到后悔了。

真诚地致歉：最好是当面道歉，对于无法道歉的事情，可以在内心中，掷地有声地说出歉意或者表达悔过之意。

"签署"承诺：想象一下理想的目标是什么，然后想象着与自己握手言和。很多事情，我们不是一下子能到达理想的状态，但是，你在朝着理想的目标前进，这已经是很难得的了。

❀
内向，
是用另一种方式改变世界

咨询手记

杨赛，一位初中二年级男生，希望改变自己的内向性格，今天来到心理咨询室，向我倾诉心中的苦闷。

"我特羡慕那些会聊天的同学，大家在一起，天南海北地侃，可是我却怎么也插不进话；和同学们一起出去买球拍，那些外向同学口若悬河地和老板砍价，自己却傻呆呆地站在旁边说不出一句话；外向的男生好像总能找到和女生聊天的话题，逗得女孩子们哈哈笑，可自己却总不知道该和女孩子说些什么……"

坐在咨询室的沙发上，杨赛列举着自己内向性格的种种不足。为了改变窘迫的境况，杨赛做过努力，试图改变内向性格。比如，常常对着镜子模仿那些外向同学的样子，希望自己也能像他们一样，可是，努力的结果是收效甚微。

和杨赛有着相同苦恼的同学还真不少。记得以前来咨询的一位女孩为了改变内向性格，逼着自己学习外向的同学，甚至，还给自己规定，每天要与多少个人聊天，每天要主动对人微笑多少次，每天要与几个陌生人搭讪。结果坚持了一段时间后，这个女孩觉得很痛苦，她不仅没有变得外向，反倒更不愿意与人交往了。

杨赛也觉得很累，觉得自己的生活都被冲散了。以前他有空的时候，就会看看书，与最好的朋友一起聊聊天，也可能自己会安静地写点文章或者画画，但是自从他实施"外向"学习之后，这些事情都没有办法进行了，他觉得心里很乱，总是静不下来。用他的话说，他把自己弄丢了。

难道内向性格真的如大家所认为的那样"大恶不赦"

吗？事实并非如此。心理学家认为，无论是内向性格，还是外向性格，都各有各的优点，也各有各的缺点。

外向型性格的特点是把兴趣和注意力都指向外部，所以，外向性格的人看上去健谈、活泼、善于交际；而内向型性格的人则将兴趣和注意力指向个人内部，内向型性格的人注重自己的思想活动和情感体验，热衷于思考，给人感觉稳重，有思想、有内涵。可见，外向和内向两种性格各有千秋，无所谓哪一种好哪一种坏。

而杨赛不能很好地融入大家，真正原因不在于自己的性格，而是在于自己内心当中对自己的不接纳。

处于青春期的孩子，"自我意识"开始觉醒，开始剖析自我，反省自我。当剖析和反省过于严厉的时候，就会对自己的种种表现产生怀疑。生怕自己的表现不佳，影响了自己在同龄人心目中的形象，于是，他们常常会去想，别人是怎么看自己的。对于自己的一点点不好的表现，都担心会被人笑话。而这种担心，会像一个包袱一样压在心中，让他们在人前不能自如地表现自己。杨赛不能很随意地和同学聊天，不能大大方方地砍价，实际上是因为他过分地担心表现不好会被人讥笑。可是，杨赛却将这些都归因于自己的内向性格，于是内心便更觉得自己不优秀，遇到类似的场合，就更加担心表现不好，进而陷入了恶性循环。因此，虽然他"勤学苦练"，但是内心的自我否定，让他依然不能放松地表现自己，收效自然也就很小了。

所以，对于杨赛的苦恼，我并没有为他提出改变内向性格的建议，而是引导他去发现自己性格的优点。为此，我与杨赛做了一个"推销性格"的游戏。首先，我让杨赛写下一个最能形容自己内向性格的词，杨赛几乎想都没想，就写下了"不善言谈"。

"好！现在就假设'不善言谈'是一样商品，你来向我推销，直到我愿意买下。"

杨赛想了半天，面露难色地说，他无论如何找不到推销的理由。于是，我和杨赛变换了角色，我来做推销员。我说："俗话说，耳听为虚，不善言谈，更容易赢得别人的信赖；比起夸夸其谈，不善言谈更容易给人力量感；因为不善言谈，让人有了更多的时间和精力去思考；不善言谈的男生，更容易给别人稳重、靠谱的印象……"

"我以前还真没发现，不善言谈有这么多好处呢！"杨赛不好意思地说，脸上浮现出了难得的笑容。

再收到杨赛的回信已经是好几个月之后的事情了，杨赛在信里说，"很奇怪，当我不那么讨厌自己的性格时，我反倒比以前开朗了许多。今天还有一个女生夸我有幽默感呢！"

那次咨询之后，他按照"推销性格"的游戏对自己性格的其他特点进行了推销，他才发现，被他深恶痛绝的内向性格，竟然也有那么多优点。

我给杨赛回信，祝贺他找到了自信和快乐，我写道："接受自己是人生中最美丽的色彩，有了它，任何一种性格都可以放出熠熠光彩！"

内向性格的优势之处

常给人意外的惊喜：性格内向的人常常是"深藏不露"的，他们看似不那么耀眼，但是这不影响他们内在的光芒。当这种光芒在适当的时候展现出来时，会带给周围人意想不到的震撼，让人由衷地佩服。

更容易拥有挚友：每个人都渴望被理解、被倾听、被关注，这恰恰是性格内向者的优势，他们的注意力不会被周围环境影响，会安安静静地放在与他交流的人身上，让人不由得要把他当作挚友。

更容易深入思考：由于性格内向者注意力不容易被外界的事物所消耗，因此能将大部分精力用在对问题的深入思考上，因此性格内向者往往对问题认识得更深刻，也容易形成自己独特的见解。

男儿有泪不轻弹？
只是未到伤心处

硕硕正在读初二，父母从小就教育硕硕要做一个顶天立地的男子汉。但是，最近硕硕却闯了祸——把教室的玻璃打碎了，还打伤了一位同学。连老师都纳闷，平时少言寡语的硕硕，怎么能做出这样的事情。为此，老师建议妈妈带着硕硕见见心理咨询师。原来，两天前的数学课上，有同学在吹口哨扰乱课堂纪律，当老师问是谁干的时，大家都将目光投向了硕硕这一片，硕硕的脸顿时火辣辣的，虽然口哨不是自己吹的，但被大家怀疑，硕硕的心里还是很慌张。当天晚上放学，老师就将硕硕和另外几位男生叫到办公室里调查情况，但由于没人承认，那天晚上硕硕和几位同学被留校到很晚才回家。

接下来的几天，硕硕总觉得老师看自己的眼光不对劲，似乎把自己当成了重点怀疑对象，他的心里非常难受。正巧那天下午，他无意中听到几个同学在悄悄议论吹口哨的事情，还隐隐约约听到了自己的名字，于是，他一气之下打了其中一位同学，当同学们都责怪硕硕无缘无故打人时，硕硕又气愤地砸碎了好几块玻璃。

当我问及硕硕这些委屈为什么不与爸爸妈妈或老师讲时，硕硕低着头不说话。良久，他告诉我，从小到大，妈妈都不允许自己哭，在家人眼里，自己一直很有男子汉气概，受了多大的委屈都不哭鼻子……我发现，硕硕是一个情绪很压抑的孩子。

人们常常认为男孩比女孩坚强，而且认为，男孩比女孩承受压力的能力更强。事实上，这是人们在性别上的偏见。心理学家研究发现，男孩在情绪情感上更脆弱。哈佛大学的研究人员曾做过一个实验，他们将6个月大的婴儿与他们的母亲请到实验室，先让母亲陪婴儿玩玩具，在婴儿玩得开心的时候，母亲故意停止陪伴，并板起面孔来训斥婴儿，接下来，母亲再去安抚哭泣的婴儿。结果发现，比起女婴，面对母亲板起的面孔，男婴们哭泣和烦躁的次数更多，表现得也更为急躁和愤怒，同时也表现得更难平静，需要被安抚的时间也更长。

在实际生活中，男孩们能得到的安抚的机会远远少于女孩。受传统观念和刻板印象的影响，家长会认为，男孩更应该坚强。比如，一个女孩看到毛毛虫表现出恐惧时，家长就会给予安慰和保护，而相同情况下，一个男孩表现出害怕，家长则觉得是不应该的，甚至有可能用羞辱的手段来压制男孩的恐惧；再比如，一个五六岁的女孩看到妈妈回来，很开心，黏着妈妈，跟妈妈撒娇，人们会认为很正常，而换作一个五六岁的小男孩黏着妈妈，人们则会认为是"没出息"的表现。父母对男孩的这种态度，会直接导致他们情绪的压抑。

正如美国心理学家丹·金德伦认为，传统的男子汉形象，压制了男孩的情绪并剥夺了他们在情感方面充分发展的机会。男孩在整个情感发展过程中被误导，结果偏离了内心的真实需要，也关闭了正常表达情绪情感的途径。

当男孩心中的负面情绪不能通过正常途径疏导时，就有可能导致他们采用暴力等破坏性行为。犯罪心理学研究发现,在青少年的犯罪中,相当比例属于激情犯罪,也就是因为一时的情绪冲动,意识狭隘而酿成无法挽回的大错。因此,对于男孩子来讲,能学会正确宣泄疏导自己的情绪,不是什么丢人的事情,而是身心健康的重要保证。

接下来,我和硕硕一起探讨了一些疏导情绪的方式。

一、接受负面情绪。受了委屈想哭,感觉孤独想找人说说话,感到恐惧想逃避……这些都是再正常不过的情绪,告诉自己,好情绪与坏情绪一样,都是我们自己的一部分。情绪不分性别,男子汉也需要丰富的情绪情感体验。所以,在心情不好的时候,一个人流泪,也不代表懦弱。那些"眼泪是懦弱的""男子汉不能哭"等观念,都是偏见、错误的。你要在内心中对自己说:"我流泪是为了疏导自己的情绪。哭过之后我会变得更强大!"事实上,也正是如此。当我们合理地宣泄了情绪之后,内心的力量,往往也随之升腾而起。

二、日常交流时,多试着表达自己的情绪情感。有教育专家发现与两岁的女孩相比,两岁的男孩在情绪情感的词语运用上贫乏得多,专家认为,这与男孩天生语言能力差于女生有关,也与父母的教育有关。因此,男孩们可以有意识地做一些练习来提高对情绪情感的表达能力,进而能比较快地了解到自己的情绪。例如,做这样的表达练习:"好长时间没见外婆了,我有点想念她。""爸爸做这么多好吃的菜,我们太开心了!""我爸没看成球赛,真的很遗憾。"

及时地了解情绪,我们才能更好地管理它。

三、学会管理情绪的方法。心情不好时,大家不必语气粗鲁地去争执,先避开生气的环境冷静一下,然后再心平气和地来沟通;心情烦乱时,可以听听舒缓的音乐;遇到不开心的事情,可以找信任的人倾诉。

当然,对于男孩来讲,运动是最好的调整情绪的方法。运动不但能帮助男孩消耗过剩的精力,宣泄负面的情绪,还能增强体魄,强化男子汉气质。

哭泣的理由

有益眼部健康:其实哭泣对所有人都很重要,它不仅能宣泄情绪,还是人体自我保护的方式。期刊 *FOOD MICROBIOLOGY* 中刊登的一项研究表明,眼泪中含有的溶菌酶,能在 5~10 分钟的时间内杀灭 90%~95% 的细菌。哭泣还能改善视力。泪水能清洗眼球表面,保持它的湿润,并洗去灰尘和异物,通过润滑眼球和眼睑来提高视觉功能。

有益身心健康:长期处于的压抑和紧张的状态,对身体有不良影响,通过适度哭泣,使身心感到放松,对缓解紧张焦虑有很好的作用。

❀
进攻
也是一种防御

咨询手记

挑战老师的"刺儿头"

陈高明在好朋友张帅的陪同下走进咨询室，张帅正欲回避，却被陈高明一把拽住："我那点破事你不都知道吗？帮我说说呗。"

于是，张帅便清了清嗓子说道："他叫陈高明，其实一点也不高明。您想想，总和老师对着干，能叫高明吗？"

再看陈高明，他仰靠在沙发上，手里玩弄着钥匙扣，鼻子里挤出"哼"的一声，笑了笑没说话。

原来，前不久班里换了一位数学老师，非常严厉，只要他一走进教室，大家立即鸦雀无声。陈高明却偏偏要往枪口上撞。昨天数学课上，他竟然吹了一声口哨。数学老师严肃地把他叫到黑板前，他竟然怒目圆睁着和老师对视。这事儿惊动了班主任，还找来了家长。班主任语重心长地建议陈高明通过心理咨询改善行为。陈高明先是拒绝了，但后来，还是背着老师和父母，让自己的好哥们儿陪自己走进了心理咨询室。

我认为，陈高明与老师作对的背后，可能有着某些特殊原因。于是，我让他描述一下挑战老师的感受。

他说："很解恨，很开心！"

"能更细致地描述一下当时的情景和你的感觉吗？细节越多越好。"

陈高明慢慢地说："我心跳得厉害，感觉有一种力量从脚底升腾而起，我的手心、四肢都是热的，全身的血液都涌向头顶,我有一种冲动,想一拳将他击倒在地,我全身的力量都爆破而出,我感觉自己像是在长高,越来越高大,越来越强壮。真是解恨!"陈高明说着,握着拳头做了一个挥臂的姿势。

"这样的感觉,你以前有过吗?"

陈高明微微一愣,摇了摇头。

严厉的叔叔

三天后,陈高明第二次来到了咨询室,这一次,他是一个人来的。

"您上次问我,以前有过那种感觉吗,我当时没有回答您,其实,这种感觉让我想起一个人。"

"哦,能说说吗?"

"他是我叔叔。"接着,他回忆了一些和叔叔相处的往事,"我父亲去世早,母亲为了我一直没再嫁人,和奶奶、叔叔一家生活在一起。叔叔对我特别严厉,只要我犯一点点错,他就会大发雷霆,轻则一顿骂,重则一顿打。有一次,我的数学没考好,他就当着大家的面训斥我,还让比我小三岁的堂弟往我脸上吐唾沫,末了,罚我将试卷抄五十遍。当时正值寒冬腊月,叔叔不许家人给我生炉子,就这样,我在冰窖一般的冷屋子将那份试卷抄了五十遍。就是那一次,我的心中有了挥之不去的屈辱感,甚至在兄弟姐妹面前,都不敢大声说话。

"终于有一天,我的这些怨气爆发了。那天,叔叔又因为一点小事当着大家的面数落我。不知道是哪里来的力量,我猛地站了起来,怒吼:'闭上你的臭嘴!'叔叔震惊了,周围的人也惊呆了。他扑过来揪我的领子,我迅速地抓住了他的胳膊,狠狠一拳将他打倒在地,就在我抬起脚准备踹他时,却见他双手抱头,眼神里流露出恐惧,我心里有种说不清是同情还是害怕的感觉,但又掺杂着一种难以言喻的快感,感觉脚下像生了根,我越长越高,叔叔在我面前却越来越渺小。不知道过了多久,他被人扶了起来,捂着胸口,大叫着让我滚!那一年,我才上六年级。

"从那以后,他再没有和我说过话,当然也再没侮辱过我,直到去年,他去世了。后来,我听堂弟说,叔叔在病重的日子里,还和他们说起,说在奶奶的这些孙子里,他最欣赏的就是我。"

"那你觉得你这种状态,与你爱挑战男老师有关系吗?"我问。

陈高明点了点头说:"应该是有的。您那天问我这种感觉以前是否有过时,我就有点意识到这或许是我的一个心结,以前我也觉得不对劲,但又不知道哪里不对劲。您说是不是因为我一见到男老师就会联想到叔叔呢?"

建立安全感的正确方式

我告诉陈高明,他对自己的分析是有道理的。我们每个人都会陷入一种"强迫性重复",尤其是某件事情让我们尝到甜头时,我们在以后的人生里,就会不自觉地去重复做这件事。

由于父亲去世,母亲带着陈高明生活在叔叔的屋檐下,这种寄人篱下的感觉,本来就可能让一个孩子形成自卑敏感的性格,而叔叔不恰当的惩罚,更是狠狠地打压了陈高明的自尊。如果陈高明接受了叔叔的打压,并将这种压抑的感觉一直深藏内心的话,他很有可能会形成深度自卑、怯懦、退缩的性格。但是,一次偶然的机会,陈高明的愤怒爆发了,在他将叔叔打倒在地的那一刻,他获得一种胜利的体验,从他描述的"感觉自己在长高""难以言喻的快感"可以看得出,这一次获胜带给了他刻骨铭心的体验。陈高明找到了另一种处理压抑情绪的方式,对比以前隐忍的方式,这种挑战的方式让他感到"痛快"。在之后的生活中,只要遇到让他压抑的不愉快的事情,他就有可能会不自觉地启用这一方法。

生活中,严厉的人最容易让他联想到严厉的叔叔。首先他们同为"高自己一等"的男性,其次,他们都有"趾高气昂"的气息,因此,陈高明会不由得启动心理防御预警——你想压制我,我就反击你。他试图通过先发制人给新来的老师一个下马威,旨在告诉对方:你不可以看不起我,也不可压制我。殊不知,这其实是他内心的恐慌,是不自信的表现。因此,对于陈高明来讲,意识到心结在作怪,是非常关键的一步,唯有这样,才能有意识地避开"过去"的陷阱。同时,也要学会建立更多获得胜利感和安全感的方式,比如,可以通过取得好成绩、攻克难题等来获取胜利感,通过建立良好的人际关系来获取安全感。"刺儿头"的防御预警才能渐渐褪去。

收起"硬刺"的小妙招

对镜微笑:我们面部的表情,会影响心情,因此在照镜子的时候,对着镜子微笑,同时想象着对很多人微笑。这样可以让自己心情好起来,在与人相处时,会亲和很多。

轻声说话:调低自己的音调,会让人觉得更有亲和力。

学会倾听:会倾听别人说话的人,给人感觉更亲切。

❀
生命的意义是享乐吗？

信件

老师：

　　您好！我是一个处于迷茫之中的初二男生，很想得到您的指点。

　　之前，我的学习成绩一直不错，但是近几个月以来，我的成绩不断下降，我心里非常痛苦。也就是在这个时候，我认识了奶奶家几个邻居大哥哥。在我看来，他们活得特别开心，不像我，整天闷闷不乐的。他们在一起聊天、说笑，一起在网吧打游戏。当然，他们也有一些坏习惯，比如喝酒、吸烟等。不过，他们对我很好，在我心中，他们并不是妈妈所说的坏孩子。

　　他们对我说，人活着就是要享乐，不要总是和自己过不去。我觉得他们说的有道理，学习下降这件事情，我这么在意它不就是和自己过不去吗？为了让自己摆脱苦恼，我就尽量多花时间和他们在一起，有两次玩得太开心了，我就没有去上课。老师找了我妈妈，妈妈回来痛打了我一顿。妈妈说我这样下去就完蛋了。我觉得妈妈是在危言耸听。

　　我现在该怎么办？我只有和他们在一起才感到快乐，难道我活着的意义，就是为了痛苦吗？我就不能开心些吗？

迷茫的小多

小多：

你好！看得出你是一个爱深入思考的孩子，你在信的最后说到了活着的意义，要知道，这也是很多名人伟人一直在思考的话题。

是啊，生命的意义到底是什么？我想，一千个人可能有一千个人的角度和想法。比如，你这群邻居大哥哥说，生命的意义就是要享乐，不要总和自己过不去。老师感觉到，你也有些认同他们的观点，对吗？因为这个观点使你暂时忘了成绩下降带来的痛苦，可以和他们一起说说、笑笑、玩玩。

不过，我认为你在认同一个观点之前，最好想搞清楚这个观点是否正确！因为我们的人生就如同开车，错误的观点就如同定位系统出现偏差的导航设备，它无法带你到达正确的目的地，只会带你走向错误的地方。

那么，我们怎么才能知道这个观点对不对呢？就要看看持有这个观点的人是一种什么样的状态，不仅要看他过去的状态，现在的状态，还要预测照这样下去，他未来的状态；也不能只看表面的状态，更要想想，他独自一个人时，或者换个环境时，是一种什么状态。总而言之，如果这个人的现在、未来，都指向一种阳光、健康、积极的状态，如果他在不断地为自己、为周围人、为社会创造美好的事物，如果他在人前是快乐的，在独处时或面对困难时也是积极向上的，那么这种人的观点，我们就可以信任。反过来，如果这个人自己的生活都是一团糟，那么他的言论和观点又怎么值得信任?

现在以这个标准来看看你的邻居大哥哥,也许如你所说,他们对你很好,使得你有一种被接纳的感觉。这确实是值得感激的地方。但是,这不表示他们的言论和行为,能够将你带往一个更积极的未来。想想看,说说笑笑、打游戏、吸烟喝酒,这些行为本身,除了带来一些浅层次的快乐,好像并没有给周围的人带来好处吧?你试想一下,这种行为会让周围的同学、老师感觉舒服吗?会让父母、长辈们感觉舒服吗?如果不会,想想是为什么?

这种行为是一种过去积极、现在积极、未来也积极的行为吗?肯定不是。举个最简单的例子,这些行为,未来能为你赢得一份好的学业和事业吗?能为你赢得一个幸福的家庭吗?肯定不能。既然如此,那个关于人生意义的言论,是否也就不那么可信呢?

孩子,老师知道现在你学习上遇到了困难,你为此感到痛苦,也恰恰说明你重视学习,否则就无所谓痛苦了。你现在只是没有好的方法,不知道如何追上去,于是便想要逃避。心情可以理解,但是如果长久地麻木自己,情况只会越来越糟糕了。当务之急,是去请教老师,找成绩好的同学帮助你,或者告诉家长你的需求,全家人一起想办法。老师相信,只要你愿意,一定可以追上去的。

至于生命的意义,我们能从哪里得到更好的解答呢?其实,除了身边的人,我们也可以穿越时空,通过书籍,找圣者智者问,找伟大的人物问,毕竟,他们对生命意义的观点曾引领他们创下那么多的辉煌,我们学习后,一定受益匪浅。

生命意义是个大话题,它指引着我们人生的方向,决定着我们生命的状态。可以不断探索,但切不可草率定论。

李玲

找寻生命意义的途径

多读好书:好的书籍,是穿越时空的,读一本好书,等于与圣贤对话,与伟人对话。可以提升自己的心灵格局,拓展对生命意义的认识。

多接触正能量的人:多受正能量的人感染,了解他对人生的看法,会让我们的心灵受到触动。正能量的人也可能是平凡人,但是很多平凡人却有着不平凡的心灵。

多去体验生活:生活远比我们想象得要丰富,走近大自然,可以读到"天书",走进一座陌生的城市,可以体验当地的风土人情,见识多了,我们对生命的理解也会被拓宽了。

挫折，
是一堵墙还是一条路？

生活镜头

壹 竞选班长 张夕飞

坐在教室的最后一排,我的心咚咚地跳着,九票、十票、十一票……"最后胜出的会是我吗?在初中的最后一年,我还能守住班长的荣誉吗?"我的心提到了嗓子眼。牛晓伟的票数和我的不相上下,几乎是有我一票,就有他一票。最终,我以一票之差败给了牛晓伟,那一刻,我这个刚强的男子汉,差点掉下了金豆子。

从小学一年级起,我就一直是班长,后来,班里同学很亲切地喊我"班头儿",老师也很信任我,坐在班长的位置上,我有着别人所体会不到的骄傲和优越感。

为了能够继续当上班长,我不但在学习成绩方面不敢有丝毫的懈怠,而且,在打扫卫生、文艺演出等方面都积极地配合老师的工作,我以为,班长非我莫属了。谁曾想,我还是败给了牛晓伟。

有那么几天,我真的很消沉。我觉得很没面子,也觉得不被老师和同学信任了,就连学习也提不起精神来。

一个周日,爸爸带我去爬山,那天,爸爸没有带我走以前的路,而是选了一条特别难走的小路,不一会儿,我就累了,我埋怨爸爸说他走错了路。爸爸笑笑说:"总走熟悉的路有什么意思啊,只有在困难、痛苦中,我们的体力才能不断提高啊!"

我不知道爸爸是不是有意在激励我,但爸爸这句话真的起了作用,我联想到自己竞选班长失败的事。其实,这次落选，对我来说，未必是一件坏事呀，它让我有了向别人学习的机会，有了不断努力的动力。我相信，这次落选，会成为让我变得更加优秀的契机。

心里画外音

张夕飞换一个角度看待竞选班长失败的事情，是心灵成长的一种表现。"塞翁失马焉知非福"，相信，经历过竞选失败的张夕飞，未来在面对困难和挫折时，将会多一份成熟和从容。

贰 我是丑小鸭 杭晓双

"杭晓双，我发现叶扬看你的眼神不一样呢！"同桌曹琳对我说。我嘴上表示不以为然，心里却一阵的慌乱。

说实话，我喜欢叶扬已经有很长时间了，喜欢她清纯大方的样子，喜欢听她读英语，喜欢看她阳光下飘逸的长发……但是，一直以来，我只敢把这份喜欢悄悄地埋藏在心中，据我所知，班里喜欢叶扬的男生不止一个，而相貌普通的我，又怎么能够引起她的注意呢！

但是，曹琳的话，却让我的心再也平静不了了，我的心里时时刻刻地出现着叶扬的样子，幻想着她也同样喜欢我。在曹琳的怂恿下，我终于给叶扬写了一封信，告诉她我喜欢她。然而，她决绝地拒绝了我。我很难过，连不上学的心都有了。

现在想想，自己真是太愚蠢了，她那么优秀，怎么会喜欢上我呢？最近一段时间，我觉得自己一无是处，像是扶不上墙的烂泥。

心里画外音

处于青春期的我们，很在意自己在别人眼中的形象，如果心目中有喜欢的人，那就更在意自己在对方心目中的形象了。而一旦遭到对方的拒绝，往往会将对方的拒绝与自己的魅力建立联系，即认为，她拒绝我，是因为我不好，我不优秀。实际上，这种思维是大错特错的，首先，对方拒绝自己的原因有很多种可能，比如说，她可能是想以学业为重；其次，即便对方不喜欢自己，也绝不代表自己不优秀，只是自己不是她喜欢的类型而已。建议杭晓双化伤心为力量，不断地去完善自己，提升自己，相信，在未来的人生路上，一定可以遇到真正欣赏你、喜欢你的人，但前提是你要欣赏自己，要喜欢自己。

叁 与决赛擦肩而过　孙子豪

3分，仅仅是3分，就把我的快乐、希望、憧憬、梦想统统无情地拦截了。要知道，去参加全国的英语竞赛是我的梦想呀。

记得得知成绩那天，我感觉头顶的天空一下子黑暗了，我吃不下饭，睡不着觉，就是不停地哭。后来，哭得都有点麻木了，流不出眼泪，就是觉得心里堵得难受。接下来的假期，我不敢出门，也不敢接同学的电话，要知道，他们都以为我会顺利进入决赛呢，我害怕他们会嘲笑我的失败。

心里画外音

当遗憾不经意间降临,我们感到失望、痛苦是很正常的,但是,如果我们过多地沉溺于后悔、抱怨中,痛苦就会越来越深,面对现实的能力就会越来越差。因此,即使我们的心灵充满伤痛,也要给自己着眼于未来的勇气。对孙子豪来说,与其浪费时间去后悔、在意别人怎么想,不如尽快投入到学习中,为迎接下一次竞赛做好准备。

心理点评　挫折是把双刃剑

"祝你一帆风顺""祝你万事如意"……这样的祝福语,随处可见。是的,我们都渴望人生能够一帆风顺,但实际上,在我们的人生道路上,困难和挫折是随处可见的。比如上面几位同学遇到的麻烦,就是挫折、困难的几种表现形式。

那么,挫折、困难就一定面目狰狞吗?其实不然,在应对挫折的过程中,我们可以提升耐力、增加勇气,激发出更多的生命能量。有人曾观察过生长在不同地方的同种树木的根须,发现那些生长在干旱地带的树木,因为无法从地表获得水分,所以不得不将根须伸向土壤深处,这反倒让它们的根扎得更深更稳。如同经历干旱的树木会更强健一样,挫折和考验也会激发我们的成长。接受挫折,并积极应对,我们将收获一笔很宝贵的财富。

心理支招　应对挫折的小高招

感谢挫折法:当我们内心越是排斥挫折,就会感到越痛苦,甚至会导致我们逃避挫折,导致事情不断走向负面的循环。不妨换个角度,找找挫折带给自己的益处,这样一来,我们对挫折就会持一种坦然接受的心态了。

积极行动法：无论遇到什么挫折，我们如果能积极行动，寻找解决的办法，内心的烦恼就会减轻很多。相反，如果我们仅仅将精力放在抱怨上，不但解决不了问题，还会增加内心的痛苦感。

善用外力：老师、家长都是我们很好的支持系统，遇到自己解决不了的困难、挫折，不妨积极求助，听听他们的意见，丰富的阅历使得他们有更多的经验可以指导、帮助我们，避免一些冲动行为的出现。

读读名人传记：当我们觉得无法度过眼前的挫折时，不妨读读名人传记，你会发现，每一位名人和伟人，他们的人生，绝不是一帆风顺的，他们的成就都是经过各种考验，付出很多艰辛所得来的。与他们经历的考验比比，你还觉得眼前的挫折很难逾越吗？

PART 2 社交
我渴望与世界和解

没有人喜欢孤独

咨询手记

小安在他的课堂作文中写道:"我很孤独,我很寂寞,我每天像空气,就在他们身边,却无人感知……"

班主任老师建议小安找心理咨询师聊一聊。小安说,他没事,就是随便写写。一个周一的下午,小安还是走进了心理咨询室。

小安话不多,总是我问一句他才说一句,他有时会腼腆地笑笑,露出洁白的牙齿。为了打开小安的心扉,我递给他笔和纸,让他画一画"我与大家"。

小安认真地将纸分成了四份,分别画下了以课堂、操场、回家路上、假期为背景的四幅画。这四幅画有个共同的特点:一个男孩孤独地看着别人在热闹。

当小安在我的引导下讲述完他的画后,他情绪激动地说:"我是个性格孤僻的人,不像有些同学那样活力四射,也不像有些同学那样口若悬河,我内向、被动,甚至有点想逃避热闹人群。久而久之,同学们真的有点忽略我了,同学聚会想不起我,学校运动会想不起我,甚至有时候班长收作业也会漏掉我。"这时,小安的脸色微微变红,连呼吸也急促起来。

我问:"你心里是什么感受?"

"哼!我才不在乎呢!"不过,话一出口,小安的眼泪就顺着眼角流了下来。

我拍了拍他的肩膀:"其实没有人不渴望拥有朋友,没有朋友的滋味不好受!"

作家刘心武言:"人生一世,亲情、友情、爱情三者缺一，已为遗憾；三者缺二，实为可怜；三者皆缺，活而如亡！"可见，友情和亲情、爱情一样，在人的生命中居于很重要的位置。而中学时代，是发展友情的重要年龄，在这个年龄段，我们会将友谊看得很重，甚至超过家人的亲情，而来自同学的鼓励和支持，更是一个人建立自尊自信的重要来源。因此，从本质上来讲，无论哪种性格类型的人，都是渴望被接纳认可的，性格孤僻的人也一样。其实，小安心里不是不在乎，而是很在乎。因此他觉得自己不被重视，不被尊重时，会很自卑。他也想像别的同学那么大方开朗，也想拥有成群的朋友，也渴望被人关注、被人赞美……但是却又觉得这一切遥不可及，因此，他陷入了深深的痛苦中。

性格孤僻的同学之所以孤僻，常常是因为内心缺少自信，他们害怕被拒绝、被嘲笑，也假想自己不被别人喜欢，所以，在与人交往时，常常表现得被动、退缩。同时，由于缺少自信，常常会产生紧张感，这让他们在与人交往时显得呆板、不灵活，不能恰当地解决一些人际矛盾，也因为缺少自信，他们会更敏感、更多疑。所以，尽管他们内心渴望友情，但是行为上却表现出回避和逃离。也有一些性格孤僻的同学，因为自己不能融入集体而感到痛苦，于是，为了平衡内心的这种痛苦，他们会"骗"自己说，自己就是喜欢一个人独行，不喜欢与人交往。殊不知，这只是为减轻痛苦而出现的一种心理防御，并非真正的想法。

为了打破小安的心理防御，我给他讲了一段自己小时候遭同学排挤,被孤立的经历,"我当时觉得天都塌下来了,都不愿意去学校了!"

听我这么说,小安放松了不少:"是呀,没有朋友,干啥也没意思!"

看到小安能够直面自己的心理需求,我感到很开心。对于性格孤僻的同学来讲,要融入集体当中,第一步就是要直面自己需要友情的事实,只有在这种真相的基础上,才有可能做出改变。接下来,我问小安有哪些业余爱好。

小安认真地数着:"拉二胡、读书、做雕塑、滑冰……"

"哦,真不少呢,看来你是很有人格魅力基础的嘛!"

小安再一次腼腆地笑了,但他的目光显然明亮了不少。

是的,建立自信对性格孤僻的同学来讲,是获得和发展友情最关键的条件,随着自我认同的提高,行为会变得主动起来。当然,建立自信的过程比较漫长,性格孤僻的同学一方面需要完善自己的性格品质,另一方面,也要在行为上做出积极的改变。

经过半个多小时的交谈,我和小安找到了一些做出改变的好方法。即使不爱说话,也不要回避同学们相聚的场合。既然自己无法妙语连珠,那就先学会关注和欣赏别人,比如,别人说话时自己认真倾听,别人唱歌时自己积极鼓掌……在人群中,人们可能会忘记那个和自己争着说话的人,却一定会感激给予自己鼓励和赞赏的人,并由此产生好感。性格孤僻的同学一定不要忘了在人际交往中奉献自己的温暖。

同时,小安也认识到,其实针对自己的个性,也没有必要刻意追求朋友遍天下的热闹感,对于性格孤僻的同学来讲,可以先和性格温和、善解人意的同学做朋友。虽然朋友不会一下子很多,但是在与少数朋友的交往中,可以学习到交往的原则与方式。

另外,就是多发展自己的业余爱好。一来,兴趣爱好本身就是完善性格的一个好途径;二来,开阔眼界的同时,增加与人交流的谈资;三来,还会吸引有相同爱好的人走近自己,多了交友的机会。

小安笑了,这次他的笑比刚才释然好多,也灿烂好多。

交友小妙招

学会倾听:倾听是一种关注,很容易带给人好感,会倾听的人人缘普遍不错!

选择性格亲和的朋友:总有一些人对人更亲切更包容,试着先和这样的人交朋友,建立交往信心。

找到互动的"交集":人以群分,这个分法就是因有着某种共同性而产生的,所以,多点兴趣爱好,帮助你更容易融入集体中。

我总是担心被人欺负，怎么办？

亲爱的老师：

在我上小学期间，由于爸爸妈妈的工作变动，我经历过三次转学。有一次转学后，新班级里有个同学很凶，老是欺负我，我每次都很害怕，不敢反抗。后来，我也开始跟其他同学一起欺负比我弱小的同学，我知道这样做不太好，但是每次又不自觉这么做了。

其实，在此之前，我的内心是一个很善良的人。可是自从被欺负后，我心态就变了，觉得如果你太老实，别人就欺负你，你只有坏一点，别人才不敢欺负你。这可能是我去欺负别的同学的原因吧！

自那以后，我心中总是有着挥之不去的阴影，每次进入新的班级和集体总担心和害怕有凶恶的同学会欺负我，另一方面，在跟一些性格温和的同学发生矛盾时，我又喜欢用粗暴的方式解决。

每次我受欺负之后就很自卑，觉得自己很懦弱，担心被人看不起，就想办法在其他同学身上逞威风，以为这样别人就会看得起我，认同我。可是后来，我发现越是这样做，欺负我的人就越多，想跟我做朋友的人就越少。我越来越孤独了。我渐渐觉得自己的做法不对，我开始想改变这样的处境。

无论如何我心里的阴影还是无法消除，每次我跟朋友发生小的争执，都会下意识地威吓、恐吓对方，以为这样就可以解决问题，结果往往适得其反，对方要么针锋相对，要么会在下次用同样的方式来对待我，而我会因为害怕最终妥协，尽管事后我认为自己是对的。妥协之后，随之而来的就是无尽的自卑，认为别人会瞧不起我，认为自己是个懦弱的人,不像男子汉,这让我感到很难受。我该怎么办?

痛苦的坏男孩 晓光

晓光:

虽然你自称是坏男孩,但是我一点也不认为你是个坏男孩。相反,我看到了一个渴望力量、向往友谊的男孩。只是,你还没有找到正确的方法,因用了一些错误的方法,进而给生活带来了一些麻烦。

现在,我们来分析一下你遇到的情况吧!

一个人越是自卑,就越是强迫自己要表现得强大一点,表现得凶恶一点,来平衡自己的心理。你因为曾经遇到过比较凶的同学,受到了欺负,这让你感觉害怕的同时,也让你的自尊心受到了伤害。你很凶地对待比你弱的同学,只是在挽回自己受伤的自尊心。同时,也想以此来彰显自己的力量,让别人不敢再欺负自己。殊不知,很凶、爱欺负人的同学,实际上是为数不多的,但是当你这么做的时候,却将更多的温暖从自己身边推开了。

与你分享一个故事吧。古希腊神话中有一位力大无穷的英雄叫海格力斯。有一天海格力斯走在坎坷不平的山路上,发现路的正中间有个袋子似的东西很碍事,海格力斯便踢了那东西一脚想把它踢开,谁知那东西不但没有被踢开反而膨胀起来,海格力斯非常生气,便狠狠踩了那东西一脚想把它踩破,哪知那东西不但没被踩破反而加倍地膨胀起来,海格力斯恼羞成怒,操起一根碗口粗的木棒狠狠砸它,那东西竟然再次膨胀,大到把路都堵死了。

就在这时,山中走出一位圣人对海格力斯说:"朋友,快别动它,忽略它,离开它吧!它叫仇恨袋,你不犯它,它便小如当初,你的心里老记着它,侵犯它,它就会膨胀起来,挡住你前进的路,与你对抗到底!"

在现实生活中,我们每个人难免与别人产生摩擦、误会甚至仇恨,有的人心胸狭窄,无法容忍一点点委屈和伤害,他们信奉的是"有仇不报非君子"。人的心中一旦充满仇恨,就再也装不下别的东西了。而且仇恨闷在心里会不断膨胀,在这种状况下,人最容易失去理智,在仇恨的指引下干出一些让自己后悔莫及的事来。

其实,这种时时提防别人、睚眦必报的心理,是一种过度的自我防卫。心理学研究表明,凡是自信的人,所表现的自我防卫行为越少,他的社会适应能力越强;如果一个人自卑,则容易出现过度的自我防卫行为。而过度的自我防卫,对别人来说往往是一种攻击,一次两次别人可以接受,时间一长就会对你避而远之。而过度防卫者则认为是别人看不起自己,为了减轻自己的痛苦而再一次伤害他人。如此形成"恶性循环",不仅损害了自身的心理健康,也使人际关系陷入僵化,导致自己的社会适应不良。

所以对你来说，重要的是学习与他人融洽相处，培养爱心和乐于助人的精神。只有去培养友谊，才能体验到友谊的温暖，只有奉献爱心，才能受到他人的爱心的滋润。与周围大多数人的关系不应是相互对阵的敌人，而是互相帮助的朋友。当你身边有很多不错的朋友时，爱欺负人的同学也就不太容易靠近你了。

总之，你是一个温暖的人，就更容易吸引温暖的人，你是一个乐于帮助别人的人，就更容易吸引热心的人来到自己身边，当然，一个充满攻击能量的人，也就更容易吸引攻击性的人。

而你，拥有选择权。

李玲

放下过度自我防御的妙招

学会感激：过度的自我防御像厚厚的铁壁，你感觉被保护的同时也隔绝了与别人的关系。试着发现生活中值得感激的事情，哪怕是很小很小的一件事，诸如别人对你微笑了，别人给你让了一下路，都是值得感激的。感激可以融化恐惧和排斥，让内心变柔软，催生安全感。

学会保护：保护自己的方式，是尊重别人，学会正向地提出自己的请求并恰当地拒绝别人，离开危险的环境，选择更友善的环境，这样一来自己就是安全的，就不需要时时刻刻提防着什么了。

学会帮助：在别人有困难的时候，伸出你的援助之手，帮助别人，会让自己感觉到自己的力量所在。

是爱情,还是同情

老师：

　　我的困惑还是从昨晚的一个梦说起吧，我梦见了她在一个空旷的地方哭泣，哭得特别伤心，我站在她背后默默地看着，然后把自己的夹克衫脱下来披在了她的身上，她泪眼婆娑地看着我，忽然就扑倒在我的怀里，我紧紧地拥着她……梦醒后，我的心扑通扑通直跳。难道我是爱上她了吗？

　　她是我们班的一位女生，原本成绩不错，后来她爸妈离婚了，她成绩就下降了，而老师却不了解情况，在她答不上问题的时候还批评她。大概是她心情不好，不太爱理人，以前和她关系不错的几个女生也都疏远她了。我知道她家的事情，是因为我妈妈和她的妈妈是同学。

　　每当看到她那忧伤的身影，我就有种心疼的感觉。昨晚，又做了那样的梦。您说，我是爱上她了吗？我很想帮她，可是我该怎么帮她呢？

　　　　　　　　　　　　　　　　　困惑的何伟

何伟：

　　因为得知一个女生处于困境当中，进而对她产生同情心，并想帮助她，这说明你很有爱心，这真的是很可贵的品质，是值得称赞的。

　　英雄救美的故事我们都不陌生，而处于青春期的男生，都有着强烈的英雄主义情结,比如,有的男生喜欢在女生面前逞能,有的男生喜欢做冒险的事,其背后,都是渴望确认自己是英勇的男子汉的身份。而你,面对遇到困难的同学,产生强烈的想帮助她的想法,其背后同样有着渴望证明自己力量的需求。这是一种正常的心理反应。

同时,处于青春期的男生,渴望被异性认同、产生好感,甚至因生理的成熟产生一系列的关于爱的遐想和冲动,也都是很正常的事。种种情感交织在一起,便形成了梦中的画面——既有帮助女同学的成分,也有爱情的镜头。

你也因此产生困惑:是不是爱上了她?这的确是一个不太好回答的问题——也许是,也许不是。不过,我觉得现在并不一定要把这个事情纠清楚。重要的是,你该如何帮助她,以及如何去处理自己的一些情绪。

像梦里那样给她一个拥抱,给她一个肩膀的爱情画面虽然浪漫,但在此时此刻,却不"实用"。想想看,两个还没有完全成熟的少男少女,一旦把这种幻想的浪漫变成了现实,会是一种什么样的情况?我想,一定是迷失大于力量吧!这样一来,你不但没有帮到她,自己也会不由得"落水"。这样的结果,与你的初衷大相径庭吧?所以,比较妥当的做法是将这份浪漫的幻想埋在心底,用更"实用"的方式去帮助他。比如,同学们一起聊天的时候,可以邀请她;她功课落后的时候,可以帮助她补习;平时也可以多赞扬她、鼓励她,这都可以增加她战胜困难的力量。值得注意的是,有时候即便是善意的同情,也会伤害别人的自尊。当这个女生没有将她的困难主动告诉别人时,你需要做的还有为她保密。

你也许会担心,如果像我说的这么做,同学们会对你们"另眼相看",毕竟,你们正处于一个对感情很敏感的年龄。那么告诉你一个方法,就是不仅要热心地帮助这位女同学,对其他同学也要有爱心。渐渐地,热心助人就变成你的一种行为方式,你的人格魅力也就大大增加了。

至于那个"是不是爱上了她"的问题,也许还会在不经意间跳出来困扰你。那就告诉自己,这就是青春的心动,就是青春的烦恼,就像春天花会开,秋天叶会落一样,是一种必然,也是一种规律。而你需要做的,就是带着这份青春的心动去成长、去成熟,去品味……

李玲

帮助异性同学的好方法

尊重她:礼貌地对待一个人,会提升一个人的自尊感,因此尊重对方是一种很好的帮助。

和很多人一起帮助她:人们往往有从众心理,要善于带头去帮助周围的同学,当然包括你很想帮助的那位同学。

真诚地祝福:祝福是有能量的,在心中祝愿她一切顺利、越来越阳光,是很棒的帮助方式。

Keep it real,
我的世界没有虚伪

老师：

您好！

我是一位信奉真实的人，特别看不惯那些虚伪的人，他们都是人前一套人后一套，这种人不但在我的同学中大有人在，在你们成年人当中，也屡见不鲜，甚至我的父母，我的老师都是这样的人。我真的超级看不惯他们，甚至鄙视他们。

就拿我爸爸来说吧。我知道其实他对他们领导很有意见，他觉得他们领导根本没有能力当领导。我不止一次听他对我妈妈发牢骚。但是有一次，他们领导到我们家里做客，我爸表现得很热情，还亲自下厨做了拿手好菜。我当时心里就想：老爸，你咋那么虚伪呢？

我是绝对不会做这样的人的，我就喜欢实话实说，我就喜欢揭露真相，我就喜欢表里如一，但是，这样做的后果，就是不招人待见。

就说这次吧，我对我喜欢的女同学说，她穿那件衣服不好看。她不高兴，我就解释说："我说的是真的呢，人家明星身材高挑，穿这种衣服好看，而你又矮又胖，穿着就像个皮球！"她听完更生气了，干脆不理我了。其实我心里没有恶意，也觉得她挺美的，可她就理解不了我的好心。

好吧，这个黑白颠倒的世界，我真是服了！

迷茫的人：星辰

星辰:

你好!

你在信的结尾处,称自己是迷茫的人。我祝贺你,正因为迷茫,我们才有探索的动力!若干年后,你会感谢你此时的迷茫,正是它的出现,在推动着你的发展和成熟。

现在就来说说你关心的事情吧,你觉得这个世界太虚伪。好吧,有时候,我和你也有相同的感受。现在我们来想想虚伪背后的原因吧。不过,"虚伪"这个词太泛泛了,涉及的情况很多很复杂,很难几句话讲清楚,今天我们干脆就以你说的事情来就事论事吧。

你说爸爸本来对领导有意见,看不惯,但是领导来家中做客,却还亲自下厨做拿手菜,你觉得他真虚伪。那我们来想想爸爸为什么这么做?

我首先想到的是,我们对事情的认识和看法,往往是很难达到绝对的客观的,很多时候,我们会受自己的情绪影响。爸爸在与妈妈唠叨他们领导的时候,一定是有情绪在的对吧?也许他感到委屈,感到被忽视,感到付出没有回报,总之,在这样一种情绪状态下,他对领导肯定是有意见的。但是,我们的情绪是会变化的。也许过了几天,他发现当时错怪领导了,他们领导对他还是很不错的,于是,他的内心就会产生一个想法:"哦,其实,我们领导人不错呀!"这个时候,正好他们领导到你家做客,爸爸表达的当然就是他当下的情感感受了。只不过,人们的情绪、情感很容易发生变化,爸爸的情绪情感的全貌,你很难全部了解到，你只是偶尔听到了他一次或几次的抱怨，便当成了全部。

当然，你也有可能会说："哼，才不是呢，我爸就是讨好领导！"

好吧，我也承认，可能像你一样，持这种观点的人还不在少数呢。那我们就来问问，爸爸为什么要讨好领导？

也许，是为了给领导留个好印象，让自己的工作开展更顺利，也许是为了让自己能有更多的发展机会，这样就能给家里创造更好的物质财富，当然，他也可能是为了通过表达友好，让领导肯定自己，因为每个人都渴望得到赏识，进而增加自己的信心。当我们看到讨好背后这些正面的需求时，是不是觉得那个讨好，其实不是那么难以理解了呢？也不是那么卑微了呢？

也许，我说的是也许，你对此还是不屑，那我能理解，毕竟你正处于一个容易偏激的年龄嘛！那好吧，大人的事情，我们先往后放放，有些事情，的确是需要随着年龄的增长，才能够理解得更透彻。

现在，来说说你和喜欢的女同学之间的事情。

你在信中表达说"其实我心里没有恶意，也觉得她挺美的"，我们再来看看你说的另一句话"我是说真的呢，人家明星身材高挑，穿这种衣服好看，而你又矮又胖，穿着就像个皮球"。你觉得这两句都出自你口中的话所表达的意思是完全一致的吗？哈哈，经过对比你会发现，它们真的不是一致的呢！

也许，你觉得你直接去表达自己的心意，难为情，于是便心口不一地说人家又矮又胖；也许，你当时认为这样的说法会逗人家一乐，于是就说人家像个皮球。不管怎么说，两句话所表达的意思是不一致的，对吧？如果有人说，这是一种虚伪，你接受吗？

答案不用告诉我，其实，由此我们只需要明白一件事情，很多时候，我们对别人的批判，未必是事实。而且，批判越多，自己也越不开心。多看到别人行为背后好的想法，多看到生活中美丽的事情，我们的心情就会顺畅得多，与别人的关系，自然也就顺畅多了。

李玲

给别人提意见的正确方式

诚恳：诚恳很重要，首先你提意见真的是为了对方好，而不是因为看不惯对方，如果是后者，对方就会觉得被你否定、挑剔，就会有对抗情绪。

尊重隐私：可以在与对方单独接触的时候提出来，给对方留有面子。同时也要说些对方的优点，让对方更容易接受。

因人而异：对方如果平时是比较喜欢开玩笑，大大咧咧的人，你提意见也可以用比较直接的方式，但如果对方心思细腻，很在意别人的看法，你提意见就要更委婉一些。

是好兄弟，就得站在一起？

前不久，高炜的爸爸妈妈各种围追堵截，好不容易才将离家出走的儿子追了回来。在这段时间里，整个家里都笼罩在紧张的气氛中，爸爸妈妈生怕高炜再"跑"了，而高炜也赌气不肯和爸爸妈妈说话。无奈之下，一家人走进了心理咨询室。

高炜妈妈认为，儿子一向挺懂事，学习成绩虽然谈不上优异，但也能占中游，老师对他的评价也是不错的。可最近高炜却多次顶撞老师。对于儿子突如其来的变化，爸爸妈妈真的是摸不着头脑。

在让爸爸妈妈回避的情况下，我试图打开高炜的心扉，我相信，这个看上去清秀斯文的男孩子，在这么短的时间里发生这样的变化一定是有原因的。

"听爸爸妈妈说，你已经一个星期不和他们讲话了是吗？是不是对他们的意见很大呀？"

高炜腼腆地笑笑："也没有特别大的意见，就是觉得他们总把我当成小孩子，不给我面子。"

"哦！能举个例子吗？"

"比如说，我一朋友父母出差了，邀请我们到他家去住，我妈就是不同意，再比如……我妈肯定和您说了，前不久他们到车站里找我回家，当着我朋友的面，对我生拉硬拽，我觉得特没面子。"

看得出，高炜的确很在乎自己在朋友心目中的形象，这是青春期少年显著的心理特征。青春期少年的很多行为往往是受同伴的影响。于是，我请高炜谈谈他的朋友们。这样的话题让高炜马上兴奋起来，给我详细地介绍了他朋友们的性格特征。

"你觉得朋友是什么呢？"我问高炜。

"我觉得就是义气，在对方遇到困难的时候，能两肋插刀，哪怕是牺牲自己的利益也在所不辞！"高炜不假思索地回答，眼眸中闪烁着光芒。这是一个少年的英雄主义情结，我相信，他的回答也代表了很多男孩子的心声。

"喔！真的是很羡慕你们这种关系啊！"我由衷地说，"能讲讲你们之间一些讲义气的事吗？"

"那多了去了。比如前不久我们在教室里打闹，一哥们儿一不小心把玻璃打碎了，后来老师查这事，另一哥们儿就给挡住了，全都揽在了自己身上，没再把别人揪出来；再比如，有一次我和我们小区里的一男孩子发生了点误会，他找人打我，我那些哥们儿放学后全留下来帮我，当然后来发现两拨人中有相互认识的，也没打起来，反倒都成朋友了……"高炜细数着那些体现义气的事件，但我发现，高炜所认为的义气里面，有很多是缺少是非判断的，只是简单地和对方站在一条线上。我不由得想，莫非高炜最近的变化也与所谓的义气有关系？于是我问："你有没有为朋友做一些讲义气的事呢？"

"做了一些，但不多。比如这次，我那个朋友，因为和老师发生了冲突，事弄得挺大的，校长和家长都知道了。这事儿说真的不能怪我的朋友，可有谁听呢？一气之下，我的朋友决定离开家出去静静心。本来说好我陪他一起去的，可我爸妈就是不同意。后来我就没和他们打招呼，悄悄走了，谁知道走漏了风声，他们又把我拎了回来……"高炜说着，无奈地摇摇头。

问题越来越清晰了，原来，高炜的离家出走是出于哥们儿义气，和爸爸妈妈赌气，是因为觉得自己的面子被伤了。我猜想，顶撞老师很有可能是出于哥们儿义气呢！果然，接下来我了解到，他顶撞的那位老师也正是和好朋友发生冲突的老师。看来，高炜这一系列行为，都是为了"义气"去做的！但很显然，在"义气"指引下的很多行为是有失偏颇的呀！

"你对朋友的一片真心是非常可贵的。可是，你觉得你这样做真的帮助你的好朋友了吗？"

"是啊，我是想尽全力帮他。"

"那你觉得假设你成功地帮助了他，以后会是什么样子呢？换句话说，就是能达到什么目的呢？"

"这个……可能我们的关系会更好……"高炜支吾着说。

"嗯！这一条很关键。那你好朋友能在你的帮助下得到什么益处呢？"我继续问。

"这个……我还真说不清楚。"高炜的声音明显小了很多。

"我觉得讲义气的目的肯定是为了让朋友获益，这才是有效的义气，如果牺牲了自己的利益，又没有帮助到好朋友，这只能说是无效的义气。你觉得呢？"

高炜不说话，像是陷入了沉思。不过我相信，每一个人都会在经历一定的错误和困顿之后,才能找到真正适合自己的成长道路。对"义气"的理解,从一知半解到懂得其中真正的含义,我想高炜也需要一个过程。

沉默了许久,高炜抬起头:"您是不是觉得,讲义气不一定非要和朋友站在同一边?"

我笑着点头:"如果朋友将要掉下悬崖,你要做的是尽力地去拉他,或者是找来人一起帮着拉他,而不是陪着他一起掉下去,你觉得呢?"

高炜长长地呼了一口气,笑了:"真正的义气不是陪着他一起犯错,而是指出他的错误,帮他改错……我知道了!"

那天走出咨询室,高炜主动和父母打了招呼,看到儿子能主动开口,夫妻俩的脸上露出了欣慰的神色。而我也在内心中为这一家人重归于好而感到开心。

真诚对待朋友的方式

有困难时拉一把:朋友有了困难当然要帮助。不过,我们一定要辨识,你的帮助是让朋友变得更好还是更坏,如果自己拿不准,可以找信任的人聊一聊。

有错误时指出来:真诚地指出朋友的错误,并且也请好朋友指出自己的错误,真正的朋友会互相提醒互相帮助,在人群中做那个让彼此清醒的人。当然,指出错误也要尊重对方,不要大肆宣扬,更不要借机标榜自己的正确,而是真正站在对方的立场上,去帮助他认识问题,对方才更能接受。

有优点指出来:帮助朋友找到自己的优点,会让他更自信。做一个会欣赏朋友的人吧,对你们的友谊一定大有促进。

PART 3

家庭关系

请给我有尊严的爱

没有天生的"坏"父母

最近陆俊与爸爸的关系到了水深火热的地步。周日的一大早,一家三口来到咨询室,爸爸坐在大厅的沙发上低头看手机,妈妈和陆俊则坐在咨询室里等候。一见我走进来,陆俊和妈妈立即礼貌地站起来打招呼,再次落座后,妈妈的眼圈开始泛红。

"这孩子前天在车站里睡了一宿,打手机也不接,我都急死了!当时我报警的心都有了,后来,他的一个同学看我太着急了,就忍不住告诉了我他的去向。我当时各种不好的念头在脑海中涌动,我和他爸说,要是孩子有个三长两短,我也不想活了!"妈妈说着抹起了眼泪,几天前的经历仍然让她心有余悸。

妈妈的目光转向陆俊,但陆俊低着头,不去迎接妈妈的目光。

我问陆俊:"是什么原因,让你离开家去车站里睡了一宿?"

"我爸,我烦死他了。他说这个家有我没他,有他没我。既然这是他买的房子,他赚的钱,那我说行啊,我走!"陆俊梗着脖子,一副不服输的样子。

说起和爸爸的矛盾,其实由来已久,但是导致陆俊离家出走的导火索是给姑父过生日。陆俊在几个星期前,就与班上的同学约好了要去郊区的一所学校踢球,当时爸爸妈妈也都同意了。但是那天回来,爸爸忽然对陆俊说:"你姑父明天过生日,我们都要去参加生日宴。"

"可是,我已经答应同学一起去踢球了!"

"踢球有的是机会！但是你姑父一年就过一次生日！"

"姑父过生日嘛，你们去不就得了，我要去踢球。"

"那怎么行？你这么大了，到底懂不懂事？"

"什么懂不懂事，你让我随便爽约就对吗？凭什么呢？"陆俊提高了声音。

"就凭我是你爸！"爸爸也吼起来。

"那我可以不认！"陆俊怒吼道，然后夺门而出……

之后，这个大男孩去了火车站，差一点就不辞而别……

"其实孩子走了，我家那位可着急了，急得腮帮子都肿了！"妈妈看着陆俊，试图为爸爸说些好话，但是陆俊梗着脖子不理睬妈妈。

"爸爸确实是在要求孩子违背自己的承诺，而且态度强硬，确实让人不太好受。"我说。

眼前的大男孩，眼圈红了，他用手背擦了擦眼睛，沙哑着嗓子说："他总是这样的！他的面子，比我的命都重要。"接下来，陆俊讲了一些爸爸要求他帮忙在亲戚面前撑场面的事情。

"那你想过爸爸为什么要你做这些事情吗？"我问。

"为了他的面子呗！"陆俊回答。

"为什么他这么渴望在亲戚面前挣面子？"

陆俊愣了一下，回答："爸爸说过，如果不是这些亲戚，他都活不到现在。"

陆俊爸爸给他讲过自己的童年。爸爸很小的时候，爷爷奶奶就发生意外去世了。爸爸是吃百家饭长大的。

"有些亲戚对爸爸很好,竭尽所能地帮助爸爸,有些亲戚对爸爸很糟糕,他们看不起爸爸,甚至公开羞辱他……爸爸没上过大学,但是爸爸是个聪明的人,他自学成才,后来工作各方面也不比别的亲戚差。"陆俊的表情缓和了很多。

"是吗?你能说说你爸爸哪里聪明吗?"

"比如说,他读过的书比大学生读过的都多,而且书法、画画都很好。他还获过很多奖,虽然学历低,但在单位却是领导……"陆俊说着,眼睛里有了光彩。

"看来,你还是挺欣赏爸爸的!"

"他不那么强势,不那么独断的时候,我其实……"陆俊的声音低下来。

"你爸爸也许太需要别人的肯定,只是,他把最亲的儿子当成了自己的一部分,这是不对的。但是,他渴望得到别人肯定的心情是可以理解的。"

"是的,因为,他是孤儿……"陆俊叹了口气。

当理解产生,少了对抗,很多事情的出路开始呈现。陆俊说,他愿意与爸爸心平气和地谈一次,告诉爸爸,他已经长大了,他愿意成为爸爸的骄傲,却不愿意做爸爸的附属品……

妈妈的脸上露出了笑容,陆俊也笑了。

陆俊走出咨询室,对着在外等候的爸爸说:"爸,咱们回家吧!"

你可以更理解父母

理解父母的软弱：每个人都有自己软弱的方面，这些软弱有时候表现为过度防御，比如以强硬的、强势的方式表达出来，其实是为了掩饰自己的软弱。了解了父母的软弱之处，对父母就会多一分理解与心疼。

理解父母的愿望：人都有深藏在心底的愿望，去了解父母的愿望是什么，哪些你能够去满足他？有时候满足父母的一个小愿望也会让他很幸福。

理解父母的骄傲：每个人都有让自己感到骄傲的经历，有时间听父母讲讲，别忘了为他们喝彩，要知道每个人都渴望被欣赏，父母也一样。

把我的面子还给我

亲爱的老师：

给您写这封信之前，我简直要被气炸了，我真想摔门离开这个家，我真是受不了了……

今天晚上，从美国回来的姑妈带着表哥到家里做客，本来是挺好的事情，我之前也悉心做了准备。但是我的兴致被我妈一扫而光。

事情是这样的，大家要在我家吃火锅，我妈妈让我洗菜，我便去洗了。洗了之后，妈妈不满意，说我没有洗干净，于是当着姑妈的面就唠叨起来了，说我不爱干家务之类的。然后话锋一转就问起了表哥的情况。这一问竟然打开了姑妈的话匣子，说表哥以前多么地懒散，现在去了国外，锻炼得有多独立。

最后得出的结论就是——我不如表哥，哪儿都不如。

姑妈说一句，我妈接一句："平平，听到了没有，得向你哥多学习……"

我简直要疯了，这是吃饭的节奏还是开批斗会的节奏？我忍着把饭吃完，就离开了桌子，到现在都还气得胃痛呢！我有时候真是觉得倒霉透顶了，怎么就生在了这个家庭，遇到这样的妈。今天我和您说的这件事情，还不算严重的呢！在我妈的世界中，从来就没有"尊重"两个字。

说到这里，我想起一件令我义愤填膺的事情：那大概是我七八岁的时候吧，有一次实在玩得太累了，晚上竟然就尿床了。的确，七八岁尿床很丢人，我现在写出来也觉得很难堪。我已经恨不得找个地缝钻进去了。第二天她的同事来我家玩，而我妈竟然当着我的面对她同事说起我尿床的事情，眉飞色舞的，像是说相声。那样子讨厌极了。这件事情在我心里形成了很大的阴影，直到现在，我临睡前都要去好多趟厕所，就担心万一出现意外，又被她羞辱。

另外，我妈还经常到我房间，打着为我收拾房间的幌子，乱翻我的东西，我都好几次发现她偷看我的日记了，你说气人不气人！

我该怎么办？我现在懒得理她，有时候也会歇斯底里地与她争吵，吵到她难过，她痛哭。我以为我解气了，但是我也好难受。我该怎么办呢？

痛苦的李平

李平：

你好！从你的字里行间，都能感受到你的愤怒和对尊重的渴望。确实，没有一个人，喜欢被别人比来比去；也没有一个人，喜欢自己的隐私被暴露在别人面前；更没有一个人，愿意自己的东西未经允许被别人翻动……哪怕，这个人是我们最亲的人，也不可以。

从这个角度看你愤怒、生气都是非常正常的，我想，这些事情换作是我，我也一样生气。现在我们来看看生气的结果吧！

"我现在懒得理她,有时候也会歇斯底里地与她争吵,吵到她难过,她痛哭。我以为我解气了,但是我也好难受。"从你的描述中看出,你因为生气,开始报复母亲,报复的方法,就是疏远她并且攻击她。但是这让你很痛苦。

是的,相爱的人之间彼此的伤害往往是更令人痛苦的。你们是母子,关系的疏离会导致孤独、无助。疏离与独立是不一样,独立是一个孩子长大了,自然地不再那么依赖母亲,但是他们的心灵是靠近的。疏离是因为有隔阂,即便近在咫尺,心却隔得非常远。感觉到儿子与自己疏离,妈妈一定也很难过,而你亦是。你与妈妈相互之间的攻击、争执,只会令矛盾进一步升级,两个人陷入非理智状态,无法自拔。因此,现在的解决方法是无效的。

很欣慰你能写信来寻求解决方法,看得出你是想改变现状的。你们母子如同两股扭在一起的绳子,如果都用力,就会扭得越来越紧,但如果都松开,就会很容易理清楚。当然,如果只有一条绳索松了劲,也会有不错的结果。现在,你感到痛苦,不妨发挥主动性,做那条主动松劲的"绳索"吧!

首先,我们来看看妈妈行为背后的动机,比如说,她拿你与别人比,确实令你不舒服。但是你能问问自己妈妈为什么要拿你与别人比吗?答案可能是想激励你做个更优秀的人。我知道,这个答案可能依然让你不舒服。那继续问问,妈妈为什么希望你做个更优秀的人,而没有把这个希望放到别人身上呢?答案很可能是因为你是她儿子,她希望你好。那优秀又意味着什么呢？意味着你将来的事业、生活更加顺利……如此这般探索，不是说妈妈的行为是对的，而是透过妈妈不好的行为，看到她好的动机，也就是说，她的出发点，不是要伤害儿子，对吧？只是受限于她自己的知识、经验、经历、能力，她选择了不太合适的行为方式。

然后，我们再来看看妈妈告诉同事你尿床的事情，背后是一种什么动机？也许在妈妈眼里，没有太把这个当回事，也许，她是想在同事面前彰显她对儿子的骄纵，当然，也有可能她有一些生气，告诉同事只是想宣泄她自己的情绪……她忽略了一个孩子强烈的自尊心，但是她的本意一定不是想去伤害你的自尊心，对吧？

再来看，她翻你的东西，的确是挺让人烦的。但是，她翻你的东西，就是为了打探你的隐私吗？显然不是，而是为了通过你的东西，来了解你的情况。她也许对你快速地成长有点不适应，有点无所适从，所以才有这样的行为。

好了，我们刚才都是透过妈妈那些不太合适的行为，看到了妈妈这些行为背后的动机。现在我们来想想下一步怎么做。

我觉得增加与妈妈的沟通是很重要的。当然，这需要你在心平气和的时候与妈妈沟通，告诉她你爱妈妈，也愿意相信妈妈，但是你需要被尊重。当然，你也可以选择写信的方式来与她交流，这样就避免了当面交流可能会产生的争执和矛盾。

当妈妈的行为让你不舒服的时候，可以试着用幽默的方式去解决。比如，她当着别人的面说你的时候，你可以说："麻烦您给我留点面子呗，就别说了吧！"试想一下，这样是不是比两个人针锋相对要好得多？

其实，妈妈是爱你的，是希望你好的，但是妈妈也是需要成长的，也有很多做不到的。作为儿子，如果能有意识地引领妈妈的成长，也是一件大好事呢，你觉得呢？

李玲

更好地与父母沟通

平静情绪：有很多矛盾和误会，在情绪激动时越说越严重，但是情绪平静时，则很容易找到出口。

写一封信：比起语言，信件可以反复看，而写信时，也能更冷静，更全面。同时，信件比语言更能给人带来重视感。

理解对方：沟通时，也要多倾听父母说话，表示理解父母，得到理解后，父母也能把更多的理解给到你。

父母吵架，
我该向着谁说话？

志欣是由爸爸和妈妈陪同来的。临进咨询室的时候，志欣提醒在大厅里等待的妈妈先在沙发上坐坐；又嘱咐准备出去溜达溜达的爸爸，不要走远了。

我笑着对志欣说："看来你很细心啊，对爸爸和妈妈都很照顾。"

志欣不好意思地笑笑，继而叹口气说："不嘱咐好了，俩人又该吵架了！"

这一家三口走进咨询室，是因为志欣的学习成绩下降得很厉害，然而，随着咨询的深入，我发现，志欣学习成绩的下降，与他充当父母的"三夹板"有着很大的关系。

从去年过年开始，志欣的父母感情上出现了很大的问题，两个人经常争吵，原本温馨的家总是充满火药味。而志欣也成了父母的"三夹板"。妈妈经常在志欣面前诉说爸爸的不是，抱怨爸爸不顾家，不关心志欣，而志欣和爸爸在一起的时候，觉得爸爸很关心自己；爸爸说，妈妈太爱唠叨了，他累了一天，回到家耳根子也清静不了，可志欣心里知道，妈妈为家庭付出了很多。志欣既心疼爸爸，也心疼妈妈，可是，他们俩却像仇人似的，两天一小吵，三天一大吵。

志欣最近学习成绩下降，爸爸怪妈妈没照顾好孩子，而妈妈又怪爸爸什么都不管，真是让志欣烦不胜烦。

"我既烦他们，又同情他们。我不想让他们其中任何一个受伤，也不想让他们互相伤害，可是我不知道该怎么办！"志欣说着眼圈红了。

我轻轻地拍了拍志欣的肩膀:"这的确是个不容易解决的问题,谁遇到了都解决不好,你已经尽力了,也承受了很大的压力!"

听了我的话,志欣抽噎着哭了起来。我没有制止他,而是让他尽情地宣泄内心的难过和委屈。长时间以来,夹在父母中间的志欣,不知道该向着爸爸还是向着妈妈,可想而知,他在承受着很大的心理压力,这种压力,很可能是造成他学习成绩下降的原因。

在很多父母关系不和睦的家庭中,孩子常常会出现一种自责的心理,认为是自己做得不够好,父母才争吵,才有矛盾,于是,很多孩子会不自觉地卷入到父母的感情矛盾中,充当起父母之间的调停者。而很多父母,也会有意无意地希望将孩子拉为同盟,以此来对抗另一方。

实际上,孩子并不能起到调解父母矛盾的作用,相反,这种超乎了他们能力的要求,常常会导致他们的心理出现很多问题。有些孩子会无意识地成为问题孩子,比如逃学、不完成作业、打架斗殴,一方面是缺少父母的关注导致的,另一方面,他们潜意识里是希望通过这种行为来转移父母的注意力——当父母将更多的注意力放在自己身上时,他们就无暇争吵了。只是,孩子的这种做法,通常都是费力不讨好的。

因此,对于志欣来讲,最好的方式,就是从父母的矛盾中主动撤出,将爸爸妈妈的责任还给他们。因为,成年人的很多情感问题,是孩子根本解决不了的。其实,无论爸爸妈妈将来的感情如何,他们对孩子的爱不会改变,而父母现在的矛盾,也与孩子无关。如果父母再在自己面前说另一方的坏话时,作为孩子,可以有意识地撤离,比如对父母说:"爸爸妈妈,我很爱你们,但是你们之间的事情我真的不明白。"也可以在父母理智的时候,告诉父母自己作为"三夹板"的苦恼。

"健康地成长,好好地学习,爱爸爸也爱妈妈,这才是孩子应该做的,也是对父母最大的回报和安慰。"我告诉志欣。

志欣点了点头:"其实,我早就应该知道我费力不讨好,根本帮不了他们。"

看到志欣脸上的微笑没有那么沉重了,我笑着说:"是呀,与其帮他们,还不如多想想怎么帮助自己呢!"

志欣乐了:"嗯,非常同意!"

我与志欣约定,在接下来的咨询中,我们主要探讨"如何帮志欣自己"。

我请志欣列出除去爸妈之间的矛盾后,现在最令自己困扰的问题。他说,那就是学习成绩了。自己原本成绩不错,现在成绩下降严重,他都无地自容了。觉得自己在老师和同学面前抬不起头。可以看得出,志欣因为成绩下滑,产生了自卑心理,而自卑心理反过来又影响了他的成绩。所以,对志欣来讲,建立信心是非常重要的。

虽然学习成绩的提升,对他信心的提升很有帮助,但是,一般来讲,当一个人的价值支柱很单一,单一到只靠一个方面,比如学习成绩来支撑自我价值时,就很危险。因为学习成绩一旦下降,就会严重影响自信心。而如果一个人能多些价值支柱,也就是多些能滋养自信心的价值点,则会避免自信心坍塌的情况发生。我建议志欣挖掘自己的价值点。在我的启发下,志欣在纸上写下了自己的六条优点:手巧——会自己做毛绒玩具;勤快——自己的房间,总是打扫得很干净利落……

看着这张纸,志欣脸上露出了舒展的笑容:"我没想到自己不是那么差劲哦!"

接下来,我与志欣一起探讨了提高学习成绩的方法。比如说,请好朋友帮忙补课,课上没有听懂的地方要及时向老师请教,认真完成老师布置的作业,并积极地进行预习和复习……

一个月后,我收到了志欣的来信,他说,他在本月的月考中,成绩提升了挺多。

"当然,离我的目标还有很大距离,我会继续努力!"

我相信志欣,也相信他的努力会让自己收获更好的成绩。当然,最可贵的是,这个过程中,志欣明白了一个道理:"当我们不能影响别人时,我们还可以影响自己!"

避免介入父母的矛盾中

避免给父母评理：每个人都有自己的立场，孩子给父母评理并不能真正地解决父母的矛盾。

告诉父母自己的真实感受：避免被一方拉作同盟的最好办法，就是告诉他们你爱他们两个人，卷入他们的矛盾让你很痛苦，然后拒绝卷入。

避免被其他家庭成员拉成同盟：父母闹矛盾，有时候会有其他家庭成员介入，诸如祖父母或者外祖父母，但是不管谁拉你做同盟，都告诉他们你的真实感受，避免卷入其中。你小小的肩膀，还承担不了如此重负。

回忆再美好也只是曾经

老师：

您好！我曾经是一位快乐、自信的男孩，但是，在我十岁那年，随着一次搬家一切都发生了改变。

搬家是因为爸爸的工作调动。搬家前，爸爸妈妈向我描述了未来有趣的生活，说我们即将去的城市多么美丽，那里有什么样的游乐场，还有好多好吃的，还有很大很大的图书馆。

我表面上装作很开心的样子，事实上，那只是在安慰爸爸妈妈，我知道我爸爸的工作对我们全家来讲有多么重要，因为妈妈没有工作，主要靠爸爸一个人养家。事实上，我的心里很舍不得我的同学和老师，还有特别要好的朋友。那时候，我在班里的成绩名列前茅，再加上我性格开朗热情，喜欢帮助别人，在同学中人缘很好。可是，再多的不舍，我也必须选择离开。就这样，我告别了生活十年的家乡，随爸爸妈妈来到陌生的城市。

与我的家乡相比，这里的人很自私也很冷漠，我记得我们刚搬来的时候，邻居总是把垃圾袋放到我家门口，妈妈找他们理论，他们还指着妈妈的鼻子骂。那一次，我被吓坏了。

这就是我对这个城市最初的印象。我在学校里，也不喜欢与同学交往，总觉得他们不怀好意。这里的老师也不重视我，上课的时候，很少提问我。渐渐地，我学习的热情也没有了，成绩大不如以前。我无比思念我过去的老师和同学，有时候想起他们就会难过地哭。

现在我上了中学，我希望这里能成为我人生的转折点，希望我能就此找回过去的热情。可是我不知道该怎么做，真的好迷茫哦！

迷茫的大山

大山：

你好！

从你的来信中，能感受到你内心对现状的不甘和积极改变的决心。而且能够看出你曾经是个很优秀的男孩，当然，现在你也很优秀，接下来我们要做的就是渐渐地让自己看到自己的优秀，就像曾经那样。

在我们每个人的人生旅途中，都要面对很多的变化。有一句话说得好："这世界唯一不变的就是变化！"搬家，改变生活和学习环境，是人生众多变化中的一项！有时候，适应新环境，并不是一件容易的事情。因为我们每个人都习惯旧有的方式，这些旧有的方式让我们感到安全、熟悉，但是，生活中不期而遇的一些事情，总是让我们不得不走出这些旧有的方式。

而我们对一个新环境的认识，往往会受各种心理状态的影响。第一印象，常常会起很重要的作用。对于你来说，搬家后的新环境留给你的印象并不愉快——邻居和妈妈吵架。是啊，如果是我，在一个陌生的城市，初来乍到，遇到这样的事情，的确也会感到害怕的。

为了保护自己，我们可能会选择远离、选择隔绝，我们变得小心翼翼，为了不被伤害，我们学会了先拒绝别人，而这样做的后果，会让我们与别人越来越疏远，越来越少地感觉到温暖，越来越多地感受到孤独。可是，我们又是渴望得到温暖、接纳和关心的。当在现实中无法得到满足的时候，我们就会退回到回忆中。回忆确实很美好，过去的真情确实很温暖，但是，它不能成为我们逃避现实的借口。

现在怎么办呢？我其实已经听到了你内心渴望改变的声音，你想借助上中学这个契机，开始新的状态。有这样的想法真好！开始吧，一切都来得及。

很多时候，我们会过于笼统地概括人与事。比如，"这个地方的人都很冷漠"就是一种过分概括，通过一个人一件事就对整个群体做出了推断，这是不客观的。

从现在开始，试着放下所有先入为主的限制性认识，重新去认识这个环境吧！你可以选择一两位看上去友善的同学，作为你的好朋友人选，平时，多与他们交流，既可以交流学习上的问题，也可以讨论彼此共同的爱好。共同的话题，很容易拉近彼此的距离。同时，要多去发现对方的需求，力所能及地给别人提供帮助。每个人在困难的时候，都希望得到关心和支持，当你有了为别人着想的意识时，特别容易得到别人的信任，从而培养起友谊。

当然赞美和欣赏是必不可少的。赞美并不是言不由衷地阿谀奉承，而是真正地去发现对方的优点，并反馈给对方。这点很重要，你的反馈会让对方收获自信，而你因为真正欣赏了对方，会激起强烈的向对方学习的意识，这个过程中，自己会不断得到成长。

最后，我想强调的是，以上的方式，都需要你的主动精神。不但要主动地与人交往，还要主动地参与到课堂学习中，多举手，多回答老师的提问，渐渐地你会得到老师的关注。

总之,我们与其抱怨对环境的种种不满,不如发挥自己的主观能动性,去创造让自己开心的机会。当做到了以上这些后,你依然还会想念你过去的同学和老师,但是,那份思念会成为你追求更好生活的动力,而不再是逃避现实的借口了。

李玲

如何融入新环境

选择温和的人交朋友:先选择和性格温和的人交朋友,逐渐建立交友信心。

为别人提供帮助:多发现别人的需求,并伸出友善之手,会有越来越多的人喜欢你。

真诚地赞美:每个人都渴望被欣赏,当你真诚地赞美别人时,很容易获得对方的好感。当然,前提条件是不要把真诚的赞美与阿谀奉承搞混淆了。

粉身碎骨浑不怕，
要留清白在人间

老师：

您好，我想和您说一件事。因为这件事，我已经好几天吃不好饭，睡不好觉了。是这样的，几天前妈妈带我到奶奶家，奶奶拿出三百块钱让姑妈出去买东西，姑妈没好意思直接把钱拿走，就放在了柜子上，这是我亲眼看到的。

快到吃饭的时候，姑妈突然想起了这三百块钱，就问大家："唉，谁见到那三百块钱了，怎么不见了？"大家都说没看见，让姑妈找找。姑妈又找了几个地方，都没有。这些钱到底是被谁拿走了，真的不晓得，反正我没拿。

但是，让我难受的是，我觉得姑妈好像在怀疑我，因为在场的就我一个男孩，其他几个都是女孩，大人们一直在说女孩子比男孩子省心。还有,当天在座的亲戚中,我家的经济条件是最差的……吃饭的时候,我还无意中看到姑妈用异样的眼神看我妈妈,我妈妈低着头,故意不看姑妈,我心里很难过。在回家的路上,妈妈问我:"不是你干的吧?"虽然我回答"不是"之后,妈妈就没有再说什么。但是,我当时伤心极了,真没想到,妈妈也在怀疑我。

时间过去好几天了,我不知道他们的钱找到没有,但是他们当时对我的怀疑始终让我非常的痛苦。

憋屈的小勇

小勇:

你好!

看得出你自尊心很强,而且有点敏感,所以,奶奶家发生的姑妈找不到钱的事件,对你的影响很大,你觉得他们在怀疑你,包括妈妈也在怀疑你,你很委屈。我想,如果有一种魔法可以将现场复原,你一定会不惜代价得到这种魔法,让他们看到,钱不是你拿的,这样,你的心可能就平衡了。

然而,现实生活中,魔法不存在,而作为青春年少的我们,在成长过程中,确实要经历很多事情,才能使自己成熟与长大。其中,就包括这些让我们感到委屈的事情。

有时候，我们总是有一种莫名其妙的笃信，笃信我们能猜得出别人是怎么想的，就是按我们认为的那样去想的。实际上，却忘记了，我们不过是在自己主观假设的前提下，去搜集证据，最后证明我们的想法是对的。

在心理学研究中常用到一些注意力选择图形。比如，那幅经典图形，画的是一个少女，当然也可以说是一位老太太，为什么这么说呢？因为从某个角度看到的是一位戴着帽子的漂亮少女，然而换个角度看到的却是长满皱纹的老太太。如果不告诉大家这幅图有两张脸，很多初看这幅图画的人只会看到一张脸。实际上，看到的不管是少女还是老太太，这与每个人选择注意的信息不同而不同。当你去选择突出一些信息，而弱化另一些信息时，就是少女，反之亦然。而究竟是选择突出哪些信息，弱化哪些信息，取决于我们的习惯、经验等因素。其实，对生活中事物的理解也是这样。我们会受到自己心理需求和情感特征的影响，而选择去注意一些信息，而忽视另一些。

联系到"姑妈找不到钱"这件事来说，你选择注意的信息，是那些"怀疑你拿了钱"的信息，这只是你的注意，只是迎合了你的内心反应——"我是现场唯一的男孩""大家都认为女孩更省心""我家经济条件最差"……你的认识和内心的反应相互作用、互动，使得自己很痛苦。

然而，实际情况到底是什么？在真相揭晓之前，我们只能依靠猜测，但是它确实存在很多种可能，比如，奶奶收了起来，但是老人家记性不好忘记了；姑妈收了起来，但是太忙碌也忘记了；还有可能，钱掉到柜子下面，没被发现……当然，还有其他的可能。而事情进展到今天，也许姑妈已经找到钱了，也许没有找到。但是，你自己却还在为无数种可能中的一种而痛苦、煎熬，这实在是不值得。

要我说，解决的根本，不是抱怨这件事情的发生让你难受，而是去磨炼自己坚强的内心，比如说，只要不是自己做的，就不要管别人怎么想，一百个人会有一百种想法，我们最无法控制的就是别人怎么想。对于妈妈问的一句，回答了就好，不用去验证她是否出于信任，因为妈妈也需要不断了解成长中的孩子，为了对孩子负责，她要澄清一些事实是再正常不过的。

然后呢？淡然一笑，继续自己的学习和生活，这才是宽大而有力量的心境，面对考验，不也正是我们修炼这份心境的机会吗？

李玲

放下"憋屈"的小妙招

不做过多不必要的解释，大大方方做自己该做的事。

写一篇日记宣泄情绪，写出自己内心真实的感受之后将它放起来，继续你的生活。

看到这件事情对自己有利的一面，它磨炼了你的性格品质。因为没有人可以确保自己不会被误会，但不被误会绑缚，才是智慧的人。

妈妈不允许我用手机怎么办?

老师：

  您好。前两天发生了一件让我很伤心的事情。那天叔叔来我家做客，我写完作业后，便跟叔叔申请玩一会儿他的手机，叔叔欣然同意。没一会儿妈妈走了进来，看到我拿叔叔的手机在玩，她的脸色顿时变了，叫我把手机还给叔叔。

  叔叔笑眯眯地说："没事儿，让他玩吧！我手机里也没啥秘密！"

  妈妈仍然黑着脸，说："不行，我最怕他玩手机成瘾了。小辉，快把手机还给叔叔！"

  我当时正玩得开心，游戏马上就过关了。叔叔大概是被妈妈说得不高兴了吧，于是对我说："快还给叔叔，不可以再玩手机了！"

  我觉得很不公平。我的同学都可以玩手机，为什么我不可以。妈妈曾经在我过生日的时候送给我一部手机，可现在也收回去了。妈妈说我玩手机成瘾了，必须收回去。不过，后来妈妈又说，如果我能管好自己，手机还是可以玩玩的。

  老师，难道我真的不能用手机吗？我该怎么办？

小辉

小辉：

你好！我很理解你的心情，妈妈当时因为着急，没有考虑到你的感受，让你在叔叔面前感到尴尬，而且，叔叔的尴尬也让你心里不舒服。你的感受很丰富呢！亲爱的小辉，每个人在生活中都会遇到一些尴尬的事情，你不用为此有心理负担。

下面我们来说说，学生到底该不该用手机的事情。其实手机作为一种现代化的通信工具，不能说是对学生有害。但是过度地使用手机玩游戏，耽误了学习和正常生活，甚至危害了健康，那一定就有害了。在这里，你可以问问自己，你对手机的使用是正常的，还是沉溺于其中呢？

所谓正常使用，就是虽然也玩游戏，但是玩一会儿就能停下来，到了该学习的时候，也能把心思用在学习上；过度使用，就是使用很长时间还放不下，甚至耽误了学习。如果你是正常使用手机，只是有时使用时间偏长一些，那么，可能是妈妈过于焦虑了，但是，如果是过度使用手机，那则需要引起重视了。

其实，凡是沉溺于手机的孩子都是因为整个生活出现了问题。比如说，生活中可能没有其他的价值体现，家庭中可能缺少其他的乐趣，亲人之间可能疏于沟通……他们就只能在手机游戏中寻找价值。这种情况下，一定要懂得主动求助，求助家长或者咨询专业人士，来帮助自己改掉"手机控"的毛病。因为在这种情况下，我们凭借自己的力量，已经很难摆脱手机了，借助外力是必须的，要不然真的会对我们的学习和生活带来不利影响。

如果我们正常使用手机，只是时间偏长，那我们就可以和妈妈商量，制定一些规则，让我们既能够正常使用手机，又能避免成为"手机控"。

首先，我们可以和妈妈商量，一起来制定规则，明确规则。因为规则可以增加我们的自控力，也让我们知道行为边界在哪里，才能更好地控制自己。比如，和妈妈约定：每天可以玩多长时间手机，什么时候玩，什么时候放下手机。协商制定好的规则要写下来，可以贴到墙上，然后在生活中执行。这样既可以培养起我们的一种契约精神，更能够帮助我们去遵守约定。

一般来讲，在做完作业的前提下，我们可以玩一会儿手机。比如说，可以玩半个小时，那我们就要说到做到，遵守约定，妈妈才愿意相信我们。在契约中，可以和妈妈商量，有一定奖励，也要有惩罚。比如，如果每天都能做到遵守规定，那么周末可以奖励多玩一小时；相反，如果做不到，则取消第二天的游戏时间。

当然，在制定规则时还要和妈妈商量，保留一定的灵活性，比如五分钟的灵活时间，因为在游戏中，往往会遇到还差一点就通关或者结束这一局时，规定的时间到了，这时如果强行退出游戏，我们就会情绪沮丧，而且不容易平复，所以，请妈妈保留一定的弹性时间，更有利于快速收心。提醒的方式，最好是以闹铃的方式。当手机闹铃响起，实际上是听觉和视觉一同进行提醒，在心理上更能引起重视，更加激发我们的自控意识。

而在非使用手机的时间，手机最好要放到离自己远一些的地方。增加拿到手机的难度，更有利于增强我们的自控力。

另外，建议爸爸妈妈尽量避免在你面前玩手机，以减少手机对你的诱惑。

怎么样，现在可以去找妈妈谈谈了。告诉妈妈，你可以通过手机控制力的训练，达到全面提升自己的自控能力的目的呢！快快行动起来吧！

李玲

避免被手机"控制"的方式

培养热爱生活的能力：善于从生活中发现美，感受美，善于去热爱生活，当我们热爱的事物很多的时候，就不会被单一的手机所蛊惑了。

空间设置：在做作业或者做一些重要的事情的时候，让手机离自己远一点，最好不要在一个房间，这样就可以避免手机对我们的专注力进行破坏了。

契约精神：可以和家人、朋友或者其他重要的人约定使用手机的时间，并且要履行契约精神，要知道手机是被我们使用的，而不要被它控制了。

穷爸爸富爸爸对我影响有多大

生活镜头

壹 我的爸爸很普通，我会有出息吗？

今天在网上看了一篇文章，对我刺激挺大的。这篇文章提到，现在的孩子都在拼爹，富爸爸对孩子的成长是非常关键的，基本上穷人的孩子已经很难胜出了。我是一个正在读初三的男孩，我的爸爸很普通，就是一个普通的工人。难道命运从一开始就注定不公平了吗？别人能够有一个富爸爸，而我只有一个穷爸爸。我还有出人头地的机会吗？

贰 就算给我选择的机会，我也不会换掉我爸爸

有一次老师在课堂上给我们出了一个题目，如果你能选择自己的父母，你会选择谁来当你的爸爸妈妈。关于爸爸，我想了很多，我想到了同桌的爸爸，有帅气高大的外表；我也想到了表弟的爸爸，是博士后，有渊博的学识；我还想到了某位明星，有满足儿子虚荣心的强大资源。但是，我依然会选择我的爸爸。我的爸爸很普通，学历不高，工作也极其的普通，而且也不帅，但是我的爸爸为人正直、善良，也很关心我，对家庭很有责任心，对工作和生活积极、努力。我为有这样的爸爸感到荣耀，他不是富爸爸，但是他是全天下最好的爸爸，我相信，我身体里流淌着爸爸的血液，我会成长为一个优秀的人。

心理点评　其实，我们每个人都拥有"富爸爸"

现在的社会上有很多的流行的观念，这些流行的观念，不一定是正确的，但是却会冲击着我们的心灵，比如说对"穷爸爸和富爸爸"的讨论。原本"穷爸爸和富爸爸"是一本书的名字，但是后来人们根据这本书衍生出了很多的观点。比如说，很多人说"有个富爸爸，孩子才能够有出息"，这种观点实际上是不对的，很多的伟人和成功人士，小时候的家境贫寒，但是这并不影响他们取得伟大的成就。就拿大作家莫言来讲，从小他家就经济拮据，经常吃不饱，但是如果有乞丐上门讨要食物，他的母亲还是会将最好的食物给乞丐。就是在这样的家庭中，成长出一个诺贝尔奖得主的大作家。

因此，我们千万不要被一些流行的观念影响了，使得我们的思维变得消极。仅从金钱这一个方面评判一个人是富还是穷，未免太狭隘、太偏激了。我们敬爱的周总理，一生都生活简朴，衣服破了，缝了又缝；他去世后，虽然银行里没有一分钱存款，但是他对我们国家的贡献是巨大的。我认识一位朋友，他每个月有两万多元的薪水，却只留下一点点维持生活，其他的全部捐给贫困地区的孩子们。

如果我们仅仅将"穷爸爸和富爸爸"用金钱去衡量的话，显然已经陷入了狭隘的理解当中。

对我们每个孩子来讲，爸爸爱我们，保护我们，抚养我们，他的给予与付出，已经是"富爸爸"了，因此，事实上，我们每个孩子都拥有一个"富爸爸"，关键是我们能否发现爸爸的"财富"所在。

心理支招　如何把爸爸变成"富爸爸"

多欣赏爸爸：爸爸有很多的优点，你看到了吗？每个人的优点不一样，每个爸爸的优点也不一样。在接下来的一个星期里，每天都找找爸爸的优点。也许你的爸爸爱干家务，也许你的爸爸爱微笑，也许你的爸爸工作努力认真……随着你学会欣赏爸爸，你就会发现你的爸爸是"富爸爸"呢！

写下向爸爸学习的方面：这样一来，爸爸的优点，就成了你学习的动力，你们互相激励带动，整个家庭都幸福了。

把爸爸的缺点变成你的优点：青出于蓝而胜于蓝，对于爸爸的缺点，我们可以在我们身上变成优点。比如，爸爸有点懒，不爱收拾东西，但是你可以变得勤快；爸爸不爱读书，你可以养成爱读书的习惯呀！这样一来，爸爸的缺点都成了成就你的支点。如此一来，我们的人生就有了更多的主动性，也就没有必要去抱怨爸爸是穷爸爸了。

PART 4

内心矛盾

**不是烦恼太多，
而是心胸不够宽广**

不喜欢英语老师，
就不好好学英语

这个学期以来，原本热爱英语学习的乐乐英语成绩一落千丈。甚至他还会在课堂上睡觉。每天下午放学回家，妈妈也很难见到乐乐像过去一样听英语录音，练习发音了。

我请眼前这个身高近一米八的大男孩，说说对于学习英语的看法。

"我觉得学习英语特别重要，可以进行国际交流，了解西方文化……"

"听说，你很喜欢学英语？"

"嗯嗯，"乐乐点点头，继而又摇摇头，"以前是这样的，但是现在……"

我注视着乐乐，鼓励他继续说下去。

"如果还是潘老师带我们，我的英语成绩一定会特别好。可惜，潘老师被调走了。听说潘老师的调离，不是他自己的意愿，而是上级单位的安排。他们难道不能为我们着想一下？潘老师那么好，新来的张老师根本没法跟他比。"

接下来，乐乐讲了潘老师的各种好，比如平易近人、帅气大方，和同学们的关系处得像朋友，野餐时还给同学们带好多自己亲手做的美食。

听得出，乐乐的确很喜欢潘老师，所以对于他教授的英语课，乐乐特别喜欢，不但按时完成作业，而且课前预习和课后复习也都做得非常好。还积极参加班里的英语角活动和市里的英语竞赛。

"那现在的英语老师呢？"我问。

"哼。"乐乐说，"他连潘老师的千分之一都比不上！"

原来，新调来的张老师人很严肃，很少与同学们交流，乐乐不喜欢他。有几次，乐乐没有按时完成作业，张老师严厉地批评了乐乐。乐乐就越发不喜欢张老师了，他甚至会在课堂上顶撞张老师，还因此被班主任批评过。渐渐地，乐乐由对英语老师的不满，演变成对英语学习的厌恶。这次期末考试，乐乐的英语成绩竟然没有及格。

除了父母外，老师便是从小到大管教我们最多的长辈。青少年的叛逆心往往很重，特别是在初中到高中这段时间，学生与老师的矛盾也是最多的。乐乐与张老师的矛盾即是如此。而且，受此年龄段思维特点的影响，青少年很容易因为对老师的喜欢或者讨厌影响到学习成绩。

青春期的青少年，思维有以下特点。

以偏概全、非黑即白的认知特点。过分概括化、以偏概全、以一概十的不合理认知方式，是青少年思维活动中常见的错误。他们很容易因为某位老师的一个特征而喜欢或者讨厌这个老师，从而不能很全面很客观地看待老师。

喜欢挑战权威。老师在学生心目中，本来是具有权威的。但是，进入青春期后有些青少年形成了比较严重的叛逆心理，他们由于缺少实现自身价值的途径，所以会把挑战权威理解成是有力量、有勇气的表现。于是，有些青少年不听老师说的话，严重的甚至会故意与老师作对，以彰显自己的个性。

自尊脆弱，害怕批评。有些青少年的自尊心很脆弱，他们担心自己会被人看不起，使得他们对老师的批评特别敏感。如果某位老师批评了他们，他们就很容易产生反抗的心理。有些青少年试图通过对抗老师来挽回自尊。

听了我的分析，乐乐难为情地笑了："还真是，真的挺符合我的思维方式的。"接着，我告诉乐乐，与老师和谐相处是非常重要的。

一般说来，青少年能否对一门课发生兴趣，很大程度上取决于是否欢迎任课的教师。青少年容易是把对老师的情感泛化到教师所教的学科上去。如果与老师关系不好，对老师有疏离感，甚至反感，内心对老师是怀疑的，对他所传达的信息就不会很好地接受。这种心理障碍会使学生缺乏积极的学习动机和正确的学习态度。而课堂教学需要师生的共同配合，需要学生的积极参与。师生关系好，学生会认为教师是欣赏自己的，信任自己的，在课堂上就有信心并愿意积极主动参与学习，敢于大胆想象，积极提出问题，发表自己的意见。如果师生关系不好，学生就会认为自己在教师心目中没有地位，就会不信任教师，不积极主动参与教学，不愿发表自己的看法，把自己的内心世界封闭起来。

"是呀，所以我的英语成绩下降了嘛！"乐乐不满地说。

"但是，如果我们把学习的主动权交给别人，那我们还是自己的主人吗？"我问乐乐。

乐乐思考了一会儿："那该怎么办？"

我告诉乐乐，其实，我们对一个人的喜欢与否，是受我们自身看待事物和理解事物的角度所影响的，我们可以通过主动调整自己的认识方式，来改变对一个人的态度。俗话说，金无足赤，人无完人。老师也会有优缺点。但是只要我们多去关注老师的优点，多理解老师的善意行为。同时也要多看到老师的付出，对老师的付出表达感激。也许是一张小卡片，也许是一篇日记，总之，要学会表达对老师的感谢。当我们将注意力更多地放在老师对自己的付出上时，内心中会增加对老师的喜爱之情，进而促进与老师的关系。

乐乐点了点头："要说，这位张老师也的确有他的优点……"

我们每个人都是自己的主人，我们与别人的关系，很大程度上也由自己掌握。对待老师亦是如此。

促进与老师积极互动的小妙招

积极发言：提前做一些预习，在课上的时候积极发言，有时我们与一个人的互动增加之后，会觉得其实我们的互动是蛮不错的。

发现优点：每天发现老师一个值得肯定的地方，把它记录下来，渐渐地你对老师的好感会增加。

帮助老师做一些事情：课堂上带动纪律，或者帮助老师做一些事情，都会让你更加了解这位老师。同时，由于有了付出，我们会珍惜这个环境，听课效率自然也就提高了。

❀
我一无是处,
却很想帮助他,我该怎么办?

信件

老师：

您好！终于下定决心与您说一说我心中的小秘密了，我真的憋得好难受啊！我是一个一无是处的人，学习不好，个子也不高，长得也不帅，唱歌还走调，但是我也有我的梦想和追求，我想成为一名军人，英姿飒爽的军人。不过总觉得这个梦想离我太远了，有时候我会问自己，你配吗？我生活在一个父母感情不和的家庭，在我的记忆当中爸爸很少回家，好像我们这个家在他心目中不那么重要，妈妈也不开心，不过妈妈说为了我她能忍耐这种生活。爸爸偶尔回家的时候，对我还是不错的，但我依然没有办法把爸爸留下。

小学就这么稀里糊涂地过去了，上中学后我也是班里那个最沉默的人。直到遇到她，我决定改变。她坐在教室第一排，长得娇小而漂亮，说话的声音非常甜美，在大家眼里她是一位无忧无虑的女孩。不过，由于她姑姑和我妈妈是同事，我知道了她家的一些情况，其实她爸爸和我爸爸一样，也经常不回家，据她姑姑说，她常常一个人偷偷哭泣。我知道这些后，就有一种同是天涯沦落人的感觉，希望她能把她的苦恼告诉我，我会理解她，帮助她。可是事实上，我俩在班上都没有说过话，她根本不知道我的想法。

老师，我该如何帮助她呢？

烦恼的郭宁

郭宁：

感谢你的信任，向我说了这么多心里话。能够把自己的心里话表达出来，也是一种重要的能力，这不但需要勇气，而且还需要对内心所思所想有清晰的认识。从你的表述当中，老师能够感受到你是一位心思细腻的男生，同时内心又很有力量感。想成为一名军人的理想就很好地体现了你内心的力量感，那是一种正义、神圣和渴望付出的内心能量，非常棒！

不过，此时此刻的你，内心当中也有很多的自卑感，比如你说"我是一个一无是处的男生，学习不好，个子也不高，长得也不帅，唱歌还走调"。这么多的自我否定连在一起，对自己的打击不轻啊，因为这些不够好的方面已经让你形成一个自我认知——我是一无是处的。想想看，如果你身边有一个人对你这样评价，你一定烦透了，恨不得远离他，但是现在，你却对自己说这样的话，而且比起别人来，自我否定可以不分时间不分地点。从这个角度来讲，你是不是对自己太残忍了？而且，反复重复这样的内容，就会对自己形成一种消极的自我催眠，时间越久，你就越觉得自己就是这样的。久而久之，你就会在生活中，表现得没有勇气，怯懦退缩，殊不知，很大的原因是来自自我打击啊。

如何结束自我打击呢？首先要看到自己的价值，其实，你的存在对很多人来讲，已经是一种价值了，比如说，对妈妈来讲，你带给了她面对生活与挫折的勇气，对爸爸来讲,虽然你们较少见面,但他惦记你、爱你……最奇妙的是,我们可以不断地创造自己的价值,比如说,你在课堂上积极回答老师的提问,就对课堂有一份贡献,对老师讲课和同学听课都是有价值的;你在生活当中给予某人一个微笑,使得他感受到生活的温暖和善意,这也是你的价值。这么想下去,我们能创造的价值简直太多了。所以亲爱的同学,你不是一无是处,而是你没有发现自己的这些价值。相信当你不断地发掘自己价值的时候,你会遇到更多美好的事情。

下面来谈一谈你的成长经历吧!父母关系不怎么好,妈妈不开心,爸爸很少回家,这确实是我们成长当中的一大缺憾,带给你的影响也很大。比如,你潜意识里认为是自己不够好,才使得父母关系不好。从某种角度来讲,这也是导致你价值感低的一个原因。实际上这是一种错误的认识,作为一个孩子来讲,不应该也不能去担负父母情感的责任,哪怕有人告诉你,你需要为这件事情负责时,也只能说明这个人是由于自己能量太弱了,想要推卸自己的责任。因为,我们在这个世界上生活,每个人都有自己要完成的功课,包括我们的家人。虽然在我们眼中父母是强大无比的,是无所不能的,但是作为人来讲,他们也有很多需要成长的地方,也要经历很多的挫折使自己更成熟。有人会经历学业、事业上的不顺利,有些人可能会经历身体健康上的威胁,而有的人则会经历家庭关系上的考验,这些都是每个人需要面对的功课。因此,你一定要认识到,父母遇到的很多麻烦与你无关，更不是你的错。

你现在很想帮助一个女孩，从某种角度来讲，其实是想要帮助自己，因为她和你有着相似的经历呀。所以，对方是否感觉到了你的好意，并不重要，你能经常在内心中鼓励自己，开导自己才是最重要的。

当然，你也可以在心中深深地祝福这位女同学，相信经历了生活考验的人，只要不倒下，就会变得更坚强。有时候，当别人不主动求助时，我们要尊重对方的选择，给她一份安静，又何尝不是给对方的一份帮助呢？然后呢，我们在内心中祝福，相信梅花香自苦寒来，每一个经得住困难考验的孩子，都必将成为更优秀的人。

李玲

停止自我打击的妙方

对镜微笑：对着镜子嘴角上扬，看着镜子中的自己，对自己微笑，你会自我接纳。

我很重要：接下来的一个月，每天都要以"我很重要……因为……"这样的句式来写日记，写的越多越好，至少写两句，一个月后去感受自己的变化。

多接触乐观的人：结交一些乐观的朋友，去感受一下他们的思维方式，试着用他们考虑问题的角度去看待事情，渐渐地，你也会变得乐观起来，而不再是自我否定。

祸不单行
如何破解？

信件

老师：

您好！

最近发生的事情真是有些堵心。

怎么说呢，这个周六下午，对我讲，真是个黑色周末。

我与同学去踢足球，结果还没到球场，我就"技痒"了，这下可好，球弹到了一个窗子上，把玻璃给打碎了。

伙伴们拼拼凑凑赔付了人家二百元钱。我心里特别难受，觉得是自己连累了大家。可没想到，踢球的时候，我又不小心一脚将球踢到了同伴的腿上，同伴立马抱着腿嗷嗷叫。我当时真是撞墙的心都有了。我到底怎么了？为什么总是不停地闯祸？

郁闷的小健

小健：

你好！特别理解你此时的心情，如果我遇到这样的事情，也会非常沮丧。而你仿佛进入了消极循环状态。我们利用多米诺骨牌来解释一下你所经历的事情吧！

如果你看过多米诺骨牌依次倒下的场面，你会觉得非常壮观：第一张骨牌倒在第二张上，第二张又倒在第三张上，以此类推，几十万张骨牌依次倒下。这是因为骨牌竖着时，重心较高，倒下时重心下降，倒下过程中，将其重力势能转化为动能，它倒在第二张牌上时，将动能传递到第二张牌上,第二张牌将第一张牌传来的动能与自身的动能之和,再传到第三张牌上……所以每张牌倒下的时候,所具有的动能都比前一张牌大,因此它们倒地的速度一个比一个快。这一现象被称作"多米诺骨牌效应"。

"多米诺骨牌效应"能很好地解释坏情绪对人的影响。因为负面的情绪容易使人的认知活动变得刻板和狭窄,进而影响到人们的判断力和决策力。因此,当一件事情引起人的负面情绪后,如果处理不好,会对接下来的事情造成负面影响,进而让情绪进一步糟糕,又进一步影响再后面要做的事。这样就进入了一种"倒霉"——情绪糟糕——更"倒霉"——情绪更糟糕的恶性循环状态。现在,你大概有点明白自己为什么遇到倒霉的事情都是成串的了吧?

另外,当人们遇到关乎切身利益的事件、突如其来的危险或一种新的考验时,都会引起应激反应。应激反应下人的激动水平非常高,也非常强烈。对应激事件毫无经验和思想准备的人,他们的理智分析能力和判断力都会急剧减弱,注意力的分配和转移也比较困难,做事情容易颠三倒四。在应激连带下,很多平时娴熟的技能、理智的判断也消失了,进而陷入雪上加霜的境地。

你踢球打碎了别人家的玻璃,心情变得糟糕,在接下来的球赛中,影响了你的心理状态,注意力不够集中,而且一想到这件堵心的事情就很难受。这种情况下,将球踢到同伴的腿上就不是什么稀奇的事情了。

那么这种情况下,我们该如何阻止"坏事情"继续发生呢?只要我们观察就能发现,遇到一连串打击的时候,那些沉着冷静、思维敏捷或经验丰富的人,更容易突围出来。可见,只有平时善于储蓄你的各种技能,遇到应激事件才能急中生智,妥善处理,将应激对自身的冲击度降至最低,而不至于让应激事件对后面要做的事情造成连带影响。因此,在平时,我们要培养自己沉着冷静的心理素质和应对现实的能力。

其次,永远不要对自己说"我真是个倒霉鬼",小心被不能判断真假的潜意识利用,真的把你变成倒霉鬼。而应该在一件不幸的事件发生后,尽可能地去想,这件事情的发生能带给自己什么好处……总之,遇到事情,要有意识地利用积极思维去思考,才能有效打破"负面情绪链条"。

另外,很多人陷入"祸不单行"的境地和他们的冲动情绪是有很大关系的。比如,因为被老师批评了,心里不痛快,然后,又一言不合动手打了同学,结果,被校长叫到办公室。回到家因为心情烦躁,又和父母闹矛盾……这一连串的倒霉事都和"有损宣泄"有关……发怒、打架虽然在一定程度上也可起到宣泄情绪的作用,却会造成更糟糕的后果。

正确的做法是及时采取"无损宣泄",既达到宣泄情绪的目的,又不至于伤害他人或扩大事物的负面影响。体育运动、找人倾诉、听音乐都是不错的"无损宣泄"方式，我们可以多用这样的方式减压。

李玲

打破"消极"循环的魔法

面带微笑：再难也要笑一笑，面部的舒展，会让心情也舒展开来。

祝福周遭：越是抱怨，越容易陷入消极的循环中，相反，祝福可以让我们进入正能量当中。

发现美好：每天晚上去清点这一天美好的事情，哪怕是你看到了一抹跳动在树叶上的阳光，也算是好事。积少成多，你的快乐会越来越多。

❀
不敢一个人睡，
还是不是男子汉？

咨询手记

小军身高一米八，爱运动，虽然才刚上初二，但看起来已经是个结结实实的男子汉。但最近一段时间，小军每天晚上都赖在父母卧室的沙发上，不肯回自己的房间，搞得父母莫名其妙，逼问之下，小军才吞吞吐吐地说："我不敢一个人睡！"父母简直怀疑自己的耳朵，比父亲都高出一头的大小伙子竟然不敢一个人睡觉！可小军的害怕却是真实的，刚开始他并不想打扰父母，强忍着害怕在自己房间睡，可是一连几夜都睡不踏实，由于休息不好，已经影响到上课听讲了。

父母问小军最近是不是受了什么刺激，小军先是摇了摇头，后来又点了点头，说起了一个多月前的一件事情。

那是一个小长假，有个同学的父母双双去了外地。在征得各自家长同意后，小军和几位要好的朋友到那个同学家留宿。没有了家长的监督，大伙玩得特别开心。晚上，有人提议看鬼片。小军小时候听奶奶讲鬼故事，听完了心里很是发毛。他本不想看，但大家都说好，他也只好硬着头皮说好。

随着剧情深入，诡异的音乐响起，当幽蓝的恐怖画面呈现于眼前时，小军感到全身血液都凝固了。他想马上开灯，或者把脸捂起来，可是，看到别人都聚精会神地看，他也只能强忍着恐惧。

那天晚上，小军失眠了。电影里的恐怖镜头不时地闯入他的脑海，搅得他一点睡意都没有了。他把头深深地埋在被子里，耳朵却变得异常灵敏，仿佛听到从屋子的某个角落传来声音，就连朋友们的呼噜声听来也有些诡异。一夜下来，身下铺的褥子都被冷汗浸湿了。直到天边有了亮色，疲惫不堪的小军才昏沉沉地睡了一会儿。

回到家，小军晚上还是睡不踏实，也不敢上卫生间。他想起奶奶说桃木是避邪的，于是小军悄悄去买了一把桃木梳子挂在床边，白天又不断用科学知识来开导自己，这样过了四五天，恐惧情绪才渐渐消退了。

没想到，最近恐惧莫名其妙地卷土重来。这一次，小军没有看什么恐怖片，可是那深深的恐惧感像冲不破的云层，总在寂静的夜晚严严实实地将小军包裹住，让他感到窒息。今天他又突然想起了多年前在农村奶奶家度假时发生的一件事，越想越怕，最后不得不走进父母的卧室。

那时小军小学毕业到奶奶家过暑假，正好遇到村里的一位老大爷去世了，按乡村的习俗大办丧事。哭的唱的吹吹打打的，邻村的人也赶来看热闹了。在大城市长大的小军没见过这场景，感到特别好奇。老大爷出殡那天，他一路跟着去看，人群中有位婶婶忽然抽搐起来，还用老大爷的口气说话。村里人说那位婶婶是被老大爷附体了。小军害怕极了，想起自己也没少去凑热闹，真担心老大爷的魂会附到自己身上来。回到家里，小叔说那位婶婶实际上是有癔症，这种人很容易受暗示，那些行为是她受到心理暗示的结果，根本不是什么鬼魂附体。虽然读过大学的小叔在家说话很有影响力，但这一次似乎没有人相信他，大家照样神秘兮兮地讨论这件事情。小军回家之后翻了不少书，也对癔症有了一些浅薄的理解，理智的时候他也相信婶婶不是鬼魂附体。但是，到了晚上，当恐惧袭来的时候，所有的理智都失效了。那些恐怖电影里的画面，婶婶当年神叨叨的表现，还有他无端想象出来的很多恐怖画面，让他备感煎熬。

看着儿子因睡不好觉而没精打采的样子，小军的妈妈决定带儿子来做心理咨询。我认为，小军的恐惧感在最近一段时间突然加强，与几年前暑假的经历和一个多月前看鬼片虽然有很大的关系，但它们都不是产生恐惧心理的根本原因。于是，在妈妈回避的情况下，我和小军聊起最近的一些情况，小军说："最近我真的好倒霉，老走背字。"

原来，前不久考试时，小军因为给一个同学传了一张纸条，被老师发现了，当场批评了小军。之后班干部改选，有同学以小军考试作弊为由，反对他继续担任数学科代表，结果小军落选了。

而对他打击更大的一件事情与情感有关。小军暗恋班里一位女生很长时间，也曾鼓起勇气悄悄地给这位女孩子写过信。女孩子当时回信说，现在他们不是谈恋爱的年龄，应该把精力放在学习上。如果有缘，将来会走到一起的。虽然被拒绝了，小军却对女孩更加倾心，他像女孩说的那样，收藏起感情，更加努力地学习。可谁曾想，不久前，传来那个女生和另一个男生谈恋爱的消息。小军心里真是说不出的滋味，忍不住又给那个女生写信，问她为什么欺骗自己。没想到，第二天，女生的男朋友竟然来找小军理论，还当着很多同学的面羞辱了小军。小军羞怒难当，但他又不善争辩，只得忍气吞声地转身回到教室。整整一个下午，他都不敢抬头，总觉得大家都在嘲笑他、讥讽他。

"我真的不知道我是怎么了，这么多事情，乱成一团糟，晚上又睡不好觉，我现在最担心学习成绩受到影响，我不知道怎么办好了。"小军满脸愁容。

现在，我心里有了答案。其实，那些令小军害怕的鬼怪，是变了形的负面情绪。当我们出现一些诸如害怕、愤怒、痛苦等负面情绪时，最好的办法就是以恰当的方式宣泄掉。但是，很多时候，由于我们的性格以及环境等原因，这些负面情绪不能很好地处理，于是便被压抑到了潜意识里。这些被压抑的情绪并没有消失，而是像暗流般存在着。当积累到一定程度时，这些情绪总要通过某种方式来释放。释放的方式多种多样，比如，有的人会失去理智，有的人会转化成心理疾病，也有的人会找到某种替代物，例如对某种特定事物的害怕和恐惧。

小军接触过不少鬼故事，在心中埋下了恐惧的种子。最近发生的一系列不如意的事情，让缺少生活阅历的小军措手不及，也不知如何排解这些烦闷和担心，便压抑在了心中，而之前被调动起来的对鬼魂的恐惧正好充当了情绪暗流的替代物。

对于小军来讲，需要有意识地切断刺激源，比如少接触恐怖影片，慢慢地"毁掉"这个替代物。当然，最根本的还是要学会表达、调节自己的情绪，如果还是一味压抑，那些负面情绪在失去旧的替代物后还会去寻找新的替代物，依然会以其他方式影响他的生活。

摆脱恐惧的方式

远离刺激源：少看或者不看恐怖片。

建立积极的调节方式：跑步、爬山、晒太阳……都是既有利于身体健康，又能调节情绪，只要你愿意尝试，都可以帮助你很好地疏导负面情绪。

及时处理情绪：曾有心理学家提出建议，即便我们没有意识到自己的紧张压力，也要每周捶打海绵坐垫一次，目的就是通过无害的宣泄方式，疏导掉我们没有意识到的被积压了的情绪，因此，我们每周有意识地通过积极的方式来给自己进行一次减压，就算你没有意识到压力，也要这么做。

我觉得命运不公平怎么办？

老师：

您好。有时候，我真的觉得命运是不公平的，有的人天生聪明，有的人生在物质条件富裕的家庭，而我……

我的爸妈是做生意的，这几年生意不太好做，我家的经济条件也变得不太好，虽然不愁吃不愁喝的，但是经常听爸爸妈妈说，赚钱越来越难。

为了让我学有所成，爸妈给我报了很多的补习班。说实话，我真的很累。但是爸爸妈妈说，不想让我再重复他们的路，让我必须把学习赶上去。

但是我苦恼的是，我觉得自己不是学习这块料，爸妈给我花了很多钱，我的成绩并没有提高。而且每次考试，我都很有压力，觉得辜负了他们。妈妈也说，家里的大部分收入都用在我身上了，可我一点也不争气。我听了又惭愧，又气愤，有时候会忍不住和妈妈争吵。

老师，我该怎么办？

子城

子城：

你好。透过你的字里行间，老师能感受到你内心承受的压力，以及在压力的作用下，产生的很多消极的思维，而消极思维，又在增加着你的压力。

你对自己处境的一些抱怨，甚至上升为命运的不公。

其实，有关于命运是否公平这个话题，并非三言两语能够说得清楚。但是可以肯定的是，只从单一的角度去评判命运是否公平，绝对是有失偏颇的。如果说，只是因为生在有钱的家庭，就说明被命运偏爱了，而不去考虑更多的可控和不可控因素，那么，我们可以想想大家都很熟悉的《红楼梦》中的人物，很多人有着极其富贵的出身，最终却遭遇了家族的不幸。当然，这并不是说，有钱的家庭都会有不好的事情发生，而是以此例让你明白，用浅短的目光或者从单一的角度看问题，是绝对不可取的。

那么我们可以控制的是什么？其实是我们的心态。

奥斯维辛集中营的幸存者奥地利精神科医生弗兰克尔，在经历了最惨无人道的待遇，面对了家庭大部分成员遇害后，创立意义疗法。他告诉我们："人所拥有的任何东西，都可以被剥夺，唯独人性最后的自由，也就是在任何境遇中选择自己的态度和生活方式的自由，不能被剥夺。"

回到你的事情上，比如，你提到的"家庭经济一般""不是很聪明"等，就算事实真的如此，我们是否可以通过转换角度改变消极看法呢？比如，经济条件一般的家庭条件，正好激发我们的斗志，让我们从小养成艰苦奋斗的习惯，而这种素质是会让我们受益一生的；再比如，正因为自己不是很聪明，所以我们做人脚踏实地，不要小聪明，扎扎实实走好每一步。

也许，你会反驳我："问题是我上了很多的补习班，成绩不理想呀!"在我看来,成绩是否理想既和经济条件无关,也和聪明与否无关,而是与你的学习态度是否专注有关,与你的学习方法是否科学有关。而这些,都是可以通过向别人请教、学习来获得的。

至于父母有时候感叹压力大,我们可以倾听和理解,但是千万不要变成自己心灵的包袱。要明白,父母这么说,其实是想激励你用心学习。既然如此,就拿出决心和信心,专心致志地学习吧!学习是一件付出了就会有回报的事情。

期待你的进步!

李玲

驱逐内心的"不公平"感

发现自己的幸运:俗话说,当你抱怨自己没有鞋子穿的时候,却没有想到有些人还没有脚。得失其实在于我们看待事情的角度,有父母的支持,拥有上学的机会……这些其实都是幸运呀!学着把自己定位成一个幸运的人。

给予别人帮助:生活中多去给别人一些帮助,哪怕是很小的一件事情,比如给他人让个座,或者给他人一个鼓励的眼神,这些看似微小的事情,却能让你感受到自己内心的力量,一个能够给予别人帮助的人会很少抱怨,因为付出让他有一种富足感。

看破"公平":尺有所短,寸有所长。想要绝对的公平,其实是很难的,或者说是不可能的,每个人都有属于自己的人生功课,都有属于自己要闯的难关。不要用自己的失意去对比别人的得意,而是要学会将失意的处境转化成自己成长的契机。

吃亏为什么是福？

老师：

　　您好。昨天，同学把我借给他的书弄皱了。这是我最心爱的一本书，借给他，他却不珍惜。他还给我时，我心里有点生气。回到家，我跟奶奶抱怨，奶奶却说："吃亏是福。"奶奶总是这样。小时候，我和小朋友打架，我输了，回到家，爸爸很生气，说要去找那个小朋友的家长。奶奶帮我擦了擦脸上的污泥，劝爸爸说："吃亏是福！"

　　我很喜欢我奶奶，但是，奶奶挂在嘴边的"吃亏是福"，我却不理解，怎么就吃亏是福了？我的书被同学弄皱了，也没给我带来什么好事儿呀？可是，隐隐约约我又觉得奶奶说得有道理。因为不知道为什么有道理，我自然是说服不了自己。

　　算了，书反正是用来读的，不小心弄皱了也是正常的，我就不计较了。可是，为什么吃亏是福呢？

帅帅

帅帅：

你好。你的问题很棒！看得出，你是一个很想把道理弄通透的人，这真是一个好品质。

老师很佩服你奶奶的心胸。有些生活道理，是老人家经历了生活的风风雨雨，从实践中总结出来的，她虽然不能把这个道理讲明白，但是她的经验告诉她就是有道理。而且她也希望把这些人生道理传给你。现在我们来一起琢磨一下奶奶的这条人生哲理吧！

与吃亏相对应的是占便宜。很多人常常会觉得占了便宜就高兴。我小时候，长辈们经常讲"小时候偷一根针，长大了偷一头牛"的故事，说的是家里的小孩贪心，偷了别人一根针，大人们不当回事，觉得自己家占了便宜，孩子的这种行为得到纵容、鼓励，于是，随着年龄增长偷的东西越来越大，到后来偷了一头牛，犯了法。行为习惯的养成是在点点滴滴中积累的。爱占便宜的习惯，也是在点点滴滴中养成的，结果酿成大错。可见，如果人贪心，总想着占点便宜，是很容易走上邪路的。想想看，如果我们身边有这样的人，我们也不会喜欢他，对不对？长此以往，他与周围人的关系也不会和谐，他当然活得也不快乐，占了便宜，但实际上从长远来看、从更大的范围来看，是不利于自己的。

那我们再反过来看吃亏。所谓吃亏就是没能很好地维护自己的利益，受到了一些损失、一些委屈。这表面看是坏事，但是如果一个人能够在坏事当中看到积极的一面，养成积极乐观的思维方式,这则是受益一辈子的事儿。举个例子吧,假设你有一杯水,不小心被别人碰洒了半杯。如果你积极乐观地去想,幸好他才碰洒了半杯,我还有半杯呢!表面上看,半杯水当然没有一杯水多,你是吃亏了。但是,你却因此而养成乐观的思维方式。未来,在生活中经历困难、考验时,悲观的人会被击倒,但是由于你养成了乐观的思维方式,你更能看到机会和希望。其实,生活中发生的很多事情,都是很难绝对地讲是好事还是坏事的,关键取决于我们如何看待。

说到这里,是不是更觉得奶奶有智慧了?老人家看事情,不是仅仅看眼前,而是看长远;也不仅仅是看表面,而是看根源。

回到你信中说的两件事情吧!你心爱的书被同学弄皱了,同学可能已经感到自责后悔了,只是他不好意思讲,你如果原谅了他,他在心里会感激你,会把你当成真正的好朋友。如果是这样的,那你赢得了一个真正的朋友,当然是好事了。不过,也有可能对方没有意识到自己的问题,但是你选择了原谅,你的心胸扩大了,谁都愿意和宽容大度的人交往,你因此具备了好人缘的素质,这也是很可贵的收获,对不对?

再说你爸爸那件事,假设当时他气汹汹地去找了和你打架的小伙伴的家长,很有可能导致双方更深的矛盾,但是,在奶奶的劝说下,他没有去,也就避免了更大的矛盾发生。

当然，我这么说，并不是让你事事委曲求全、忍气吞声，而是要学会冷静地处理事情。比如，下次将心爱的书借出去时，可以事先提醒同学好好保管，告诉他这是你最心爱的书，同学也就更加珍惜了。有没有发现，这个解决办法，也是这一次吃亏带给你的呢。看来，奶奶说的话很有道理，有空可以请奶奶讲讲她经历的"吃亏是福"的故事！

李玲

吃亏不一定是坏事的三大理由

拓宽我们的心胸：吃亏只会让心胸狭隘的人感到痛苦，而心胸宽广的人却能淡然一笑，发生了什么不重要，重要的是我们有什么样的心胸。

增长我们的智慧：吃亏之后可能会面临一些境遇的不顺利，你是积极想办法还是怨天尤人？去做一个积极想办法的拥有智慧的人吧！

磨炼我们的品质：有的人吃了一次亏就变得不信任别人，甚至与人交往的时候充满着防御，但有的人会更加真诚地对待别人，因为他不想让难受的事情发生在别人身上，你选择成为哪种人呢？

遭拒后的心灵急转弯

被拒绝不是一种舒服的滋味，谁也不希望自己的愿望落空。但是生活不如意之事十之八九，经常在我们没有做好心理准备时，我们就遭遇拒绝了。是我们做错什么了吗？还是我那么不值得被人喜欢……当这些声音响起，我们会感到痛苦和自卑。其实，来个心灵急转弯，不但可以减轻痛苦，还能因祸得福收获心灵礼物呢……

壹 被拒绝的滋味：尴尬

终于到生日了。你早就盼望着自己的生日能同某某的生日一样洋溢着鲜花祝福，也盼望着如某某某一样，好友们相聚一堂。为此，你精心策划了一场生日聚会。

然而，让你没有想到的是，你发出的邀请却遭到一个又一个拒绝："哦！抱歉，我最近功课太忙，我妈妈不准我出门！""我很想去，但是没时间。""天啊，你早说呀，我都和某某约好了！"……你为此感到尴尬、窘迫、没面子，甚至想找个地缝钻进去。你后悔自己为什么那么热情，那么主动，那么不知趣，甚至在心中痛骂自己犯贱。殊不知，这些指向自我的谴责，到头来伤到的只是自己。

心理解码

美国心理学专家阿兹瑞拉·杰夫告诉我们："大多数人在处理被拒绝的情况时，比较难以处理的是我们对其他人所思所想的顾虑。"比如，某某若是知道我被拒绝了会怎么看我？

正是这些担心，加重了我们的尴尬和窘迫。而之所以会这样,是因为很多时候,我们将别人的看法看得过于重要,而对自我的表现又过于不自信。

心灵急转弯

重设自我"心像":无论你意识到与否,我们的头脑中时常会呈现自我的"心像"。如果你是一个自信的人,你的自我"心像"通常是高大的、骄傲的、阳光的;相反,如果你是自卑的人,你的自我"心像"常常是退缩的、卑微的、羞怯的。而这种自我"心像"又会反过来影响现实中的我们,于是我们生活中的表现会不由得去接近"心像"中的自我。因此,试着改变"心像"是很好的一种自我成长方式。先去呈现被拒绝时的自己,感受那一刻自己的渺小、无助、尴尬,接下来,想象你的样子不断地变得高大、轻松、幽默、无所谓……重复想象六次,你会发现,那些自我践踏的声音越来越弱了。如果你经常做这个练习,来自外界的负面信息对你的干扰将越来越微弱。

贰 被拒绝的滋味:麻木

在你得知那个英文演讲比赛时,你心潮澎湃。看着那激情四射的海报,你跃跃欲试,你好想报名参加啊,要知道当个演讲家可是燃烧在你青春生命中的梦想。你虽然忐忑、害怕,但你还是决定去试一试。

然而英语老师温和的话语却让你脸上火辣辣地灼痛:"积极参与的想法是好的,但是你的口语还有待提高,再说快考试了,你上次的成绩不是很理想,你是不是应该先把精力放在功课上……"你心中的热望被渐渐消磨。于是学会了妥协,学会了习惯,学会把自己藏在说不出好与坏的状态中前行,你觉得自己就像个"橡皮人"……

心理解码

大多数"橡皮人"表现出来的麻木,实际上是由于不满、失落、无奈等负面情绪的堆积所导致的一种表现。他们心存激情,但抗挫能力却比较差,于是,在经历拒绝后,他们的激情状态会滑向另一端。他们表现出来的"麻木"在一定程度上起到了"保护"心理不受伤的作用,比如对拒绝不再那么在意,因此便不再那么激情和失望。虽然这样的"麻木"暂时起到了安稳情绪的作用,但长此以往,会削弱对快乐幸福的体验,会磨灭对理想的追求,进而使生活变得越来越乏味。

心灵急转弯

激活喜悦:心中的大梦想是什么?不妨将这个目标清晰地铭记心中。然后将这个大梦想作为大目标,分解出阶段性的小目标。体验小目标实现后的成就感。同时,改变直线式思维,学会迂回战术。最重要的是能够活在当下,体验每一分付出与收获的喜悦。不知不觉中,你已经在接近梦想了。

叁 被拒绝的滋味:防御

你到了一个新的环境,好羡慕别人的谈笑风生、相融默契,但你害怕被排斥,于是,故意装出孤胆英雄的冷漠,哪怕别人投来笑容也无动于衷。你不是不希望与别人交流,而是怕被拒绝,但是,这样的面具戴久了,就会连你自己都听不到自己渴望被接纳的声音了。

心理解码

也许你曾被生命中重要的人拒绝，也许是某一次重大挫折留下了心理伤痕。总之，被拒绝对你来说，像是洪水猛兽，因为害怕，所以防御。你看起来高傲、挑剔、难以接近，但这一切却皆因害怕被人拒绝，所以先拒绝别人。

而拒绝之所以对你伤害如此之大，是因为你将别人的拒绝理解为对自己的否定、排斥，于是，自尊心会受到深深地伤害，如果当时缺少恰当的调整，就会转变为一种自我攻击：我是不配被尊重的，不配被爱的。

而你之后表现出来的骄傲和冷漠，以及拒人千里之外的强势，都不过是掩饰自己脆弱内心的方式而已。

心灵急转弯

试着去温习某个被拒绝的场景。然后，试着将自己与当时你所被拒绝的事情分开。比如说，你想跟一群人一起玩游戏被拒绝，就请将自己与加入那个游戏的愿望分开，被拒绝的是你加入游戏的那个愿望，而并非你的全部；如果你想要随爸爸妈妈去一个你向往的地方而被拒绝，那就请将自己与想去那个地方的愿望分开，被拒绝的只是你的那个愿望，而不是你的全部。

继续告诉自己，你被拒绝的，只是你当时心中的那个愿望，而非你的全部。就像你是一棵大树，你的愿望只是一片叶子，叶子飘零了，大树还在，而且还会一次次长出新的叶子。

多做此练习，别人对你的伤害，就越来越微不足道。

PART 5

未来

为梦想加油，努力成为自己喜欢的样子

学会吃苦
是应对未来的最有力资本

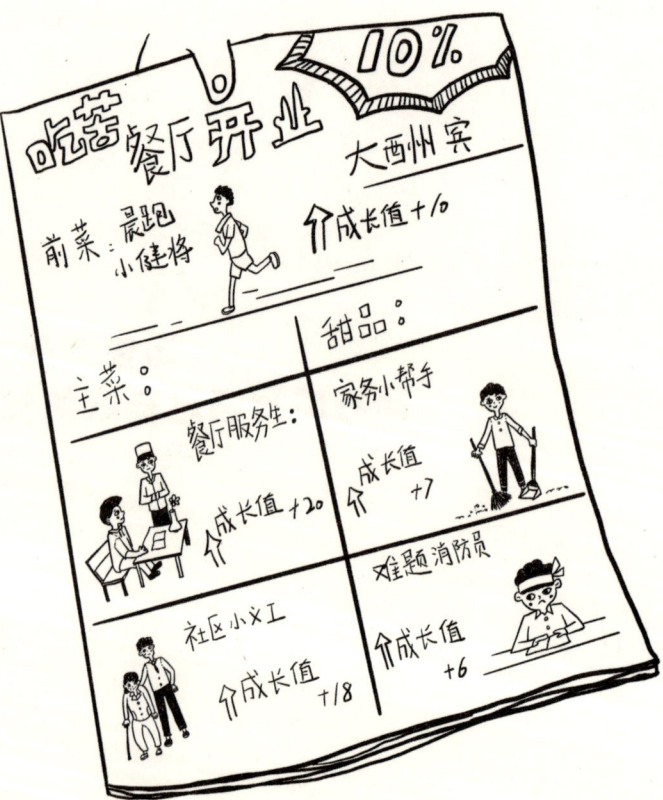

老师：

  您好！

  最近我家发生了一件事情让我挺想不通的。姑妈家的表哥学习成绩很好，一直以来都是奶奶家的骄傲，加上姑妈家非常有钱，表哥从小吃穿用的都是名牌，出手也很阔绰，经常请朋友吃饭，我们这些做弟弟妹妹的就更没少沾光了。表哥人长得也帅帅的，看上去就像电视里的明星。最近，我却听说表哥要利用假期的时间外出打工，这个假期不能回来和我们团聚了。姑妈说，她将不再给表哥支付生活费，需要表哥靠打工来赚。我觉得姑妈真的很过分，表哥还没有大学毕业就得去打工。但我爸爸妈妈却非常赞同姑妈的做法，说姑妈这是在锻炼表哥，要让他学会吃苦，未来才能够适应社会。我有点想不明白了，我妈以前说姑妈和姑父这样奋斗也是为了孩子，现在他们家这么有钱，为什么非要逼着表哥去吃苦呢？我家不及姑妈家有钱，那我是不是也要学会吃苦呢？那我该怎么去学吃苦呢？

小锐

小锐：

你好。你问了一个非常有意义、有价值的问题，我们在生活条件还不错的情况下，为什么还要学会吃苦呢？

我除了欣赏你能提出这样的问题外，也很欣赏你的姑妈，还有你的爸爸妈妈在让孩子吃苦这件事上的认识。

我先来跟你分享一个故事吧：一个小男孩在观察一只蝴蝶破壳而出的过程，蝴蝶太不容易了，身体一点一点地往外爬，费劲极了，过了很久，蝴蝶还没有爬出来，于是好心的男孩用剪刀将蛹壳划破，把蝴蝶放了出来，他以为蝴蝶会展翅高飞，没想到这只蝴蝶却再也飞不起来了，没过多久就死了。小男孩很伤心，他不知道正是因为他的好心帮助使得蝴蝶失去了飞舞的能力。据说蝴蝶必须要经历这个破壳而出的过程，通过蛹壳对身体的挤压，它的翅膀才能获得力量，这个过程非常痛苦，却为蝴蝶一生飞舞奠定基础，但是小男孩因为觉得蝴蝶太辛苦了，帮助了蝴蝶，结果使得蝴蝶没有完整经历破壳过程，最终蝴蝶失去了飞舞的能力。

你听完这个故事有什么感觉呢？你一定认识到了蝴蝶破壳而出时所经历的辛苦，是它一生飞舞的资本吧！蝴蝶不是有了翅膀就能飞舞，而是必须要经历吃苦的过程之后才能飞，这是一种磨炼，一种挤压，这个过程也许痛苦，但是却是为了更从容地面对未来。生命当中的很多事情，是别人无法替代我们承担的，很多困难需要我们一个人面对，别人的帮助是外在力量，只有我们的内在力量能够与外在力量相呼应，才能得到真正的帮助。比如一个溺水的人，即使有人递树枝给他，他也得要靠自己努力才能伸手抓住。我们的内在力量从哪里来？不是养尊处优能够得到的，更不是娇生惯养能够养出来的，是要经历一些生活的磨炼，从内心当中生发出来的。

姑妈现在不给堂哥生活费，鼓励他外出打工，为的就是磨炼他吃苦的品质。具备了吃苦的特质，他将更加自信，更加独立，更懂得珍惜幸福生活，这些不是从爸爸妈妈那儿得到很多钱就能够得到的，是需要亲身去经历和体会的。

很多人都喜欢央视的主持人董卿，觉得她学识渊博、举止优雅，如果你了解了董卿的成长经历，你就会知道，她的父母很早就开始培养她的吃苦能力，董卿七岁起就要承担家务活，刚学会认字不久，爸爸就让她抄写成语，再稍微大一点就要抄古文、背古文。其实董卿的爸爸妈妈，都是复旦大学毕业的高才生，家里应该也是不缺钱的。要知道董卿的爸爸小时候也吃了很多的苦，他既要帮助妈妈干农田里的农活，还要努力学习，这些苦磨炼了他坚强的意志、不服输的品质，最终考上了复旦大学，改变了命运。这些经历让他明白，吃苦是一个人面对世界的最重要的资本，所以他要把这宝贵的一课教给自己的女儿。

那么，你提的"如何学习吃苦"这一问题也就有了答案，人就是要在生活中学习呀！帮助爸爸妈妈多承担一些家务，在自己的学习中更加刻苦、努力，再长大一点后，也可以像堂哥一样去进行社会实践，在假期中打工，尽自己所能帮助身边的人，等等，这些都是锻炼吃苦精神的好方法。

预祝你成长为积极阳光、有吃苦精神的优秀青年。

李玲

如何培养自己的吃苦精神

坚持完成一件有意义的事情：一时心血来潮不是什么难事，难的是将一件有意义的事情坚持下去，比如说，养成一个好习惯，或者攻克一道难题……这个过程不是一帆风顺的，要不断地想办法，不断地坚持前进，其实也是在培养吃苦精神。

多参与劳动：劳动很辛苦，但是劳动也很快乐，也能带来成就感。平时多承担家务劳动，有机会也可以到社区做义工，这些都可以培养自己不怕吃苦的精神。

学会节俭：在节俭的过程中很容易培养起不怕吃苦的精神。千万不要认为节俭是抠门儿，实际上节俭是优秀的美德。

该如何培养自己的责任意识

老师：

您好！

前几天，我做错了一件事，被老师批评了。

那天我值日，我主动申请了拿钥匙开门，但是当天中午，我表弟过生日，我们全家聚会，下午我就去学校晚了些。我踩着上课铃走进教室的时候，看到班主任正拿着钥匙给同学们开门。老师批评我，说我没有责任意识。

我记得不久前，爸爸也这么说过我。我心里很难过，老师，您说该如何培养责任意识呢？

小丘

小丘:

你好!

很高兴你能主动提出培养自己的责任心,这实在是太难得了,这本身就说明,你是有责任感的!

在我们成长过程中,有时候家长为了能让我们将更多的精力放在学习上,忽视了对我们责任心的培养,实际上,强烈的责任感,不但是我们搞好学习的必要品质,也是未来在事业中获得成功的重要素质。

一般来讲,在我们的成长过程中,如果我们的家长为我们做的太多了,就会剥夺我们责任感的建立。比如家长把我们的事情都做完了,把我们该担的责任都担了,我们就这样过着衣来伸手、饭来张口、养尊处优的生活,久而久之我们就变得无责任感了。

另外,家长可能从来都没有或者想不到在平时的日常生活中关注我们责任心的培养,没有有意识地教会我们对自己、对别人、对家庭、对集体、对社会负责。而当我们一件事没做好,家长又进行破坏性的批评,会令我们觉得太痛苦了。我们会觉得负责任等于痛苦。破坏性的批评会扼杀我们勇于担当的勇气。还有,如果家长对我们过分严厉,并且在我们达不到要求时对我们进行各种惩罚,那么我们就不敢负责任了,因为我们感觉负不起责任。

说了这么多没有及时建立责任感的原因,并不是要批评我们的爸爸妈妈,我们必须承认,爸爸妈妈这么做的时候,他们心里其实是为我们好的。我们在这里分析原因,是为了接下来，能找到建立责任感的好方法。

要想建立责任感，首先，我们要学会自我服务。我们可以主动向爸爸妈妈申请做一些力所能及的事情，让自己多承担一些责任，比如：自己的事情自己做，自己的房间要自己打扫，起床后要自己整理床铺，作业要自己独立完成，自己说过的话不能食言。并且告诉爸爸妈妈，我们做事的时候，请他们一定要耐得住性子，学会宽容等待，一定要能够容忍我们的不完美，决不能因为细节方面不到位而严厉批评甚至干脆包办代替，要多对我们鼓励引导。我们只有通过不断地实践体验才能逐渐提高自身的责任意识。我们做事的过程，就是对"责任"进行心理体验的过程，只有这样的心理体验多了，我们的责任意识才能不断地得到强化和提高。

我们在做事的过程中，可能会遇到一些挫折，也可能会出现一些过失，都是正常的。我们在做事之前，最好先去考虑以下几个问题：存在大的危险吗？会对自己和他人造成伤害吗？会对环境造成伤害吗？如果不会，就大胆地去做吧！

如果出现了过失，不论过失大小，只要我们具备承担责任的能力，就要去勇敢地面对。在这里，与你分享一个小故事：1920年，一个11岁的美国男孩踢足球时不小心打碎了邻居家的玻璃。邻居向他索赔12.5美元，这在当时可是一笔不小的数目，足足可以买125只下蛋的母鸡！闯了大祸的男孩向父亲承认了错误，父亲让他对自己的过失负责。男孩为难地说:"我哪有那么多钱赔人家?"父亲拿出 12.5 美元说:"这钱我可以借给你,但一年后你要还我。"从此,男孩开始了艰苦的打工生活,经过半年的努力,终于挣够了 12.5 美元,还给父亲。这个男孩就是后来成为美国总统的罗纳德·里根。他在回忆这件事时说:"通过自己的劳动来承担过失,使我懂得了什么叫责任。"

好了,从现在开始努力建立自己的责任感吧,相信你一定会成长为一个有责任心的人!

李玲

如何培养自己的责任意识

培养担当精神:可以主要承担家庭的某一项任务,比如拖地的任务,那么这项工作就要由自己自始至终的负责,如果没有做好,要积极地想办法。

勇于承担过失:每个人都有做错事的时候,做错事要勇于承担过失积极致歉,这也是培养责任感的好方法。

为别人做一些事情:心里只想着自己的人是很难培养起责任感的,力所能及地去帮助别人,可以激发我们的责任意识。

❀
我都感觉自己自闭了，
该怎么办？

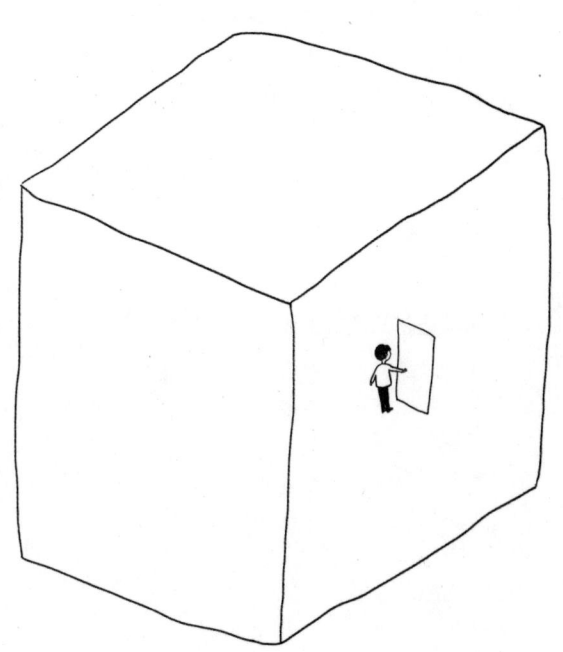

信件

老师：

您好！

我是一位正在读初一的男生，我的性格非常内向，以至于很多人都认为我自闭了。我的妈妈带我去专业机构做过检查，还好，我不是自闭症患者。但是我的性格真的是很内向，我不爱与人交往，也害怕与人交往，和人交往的时候，我总觉得自己很拘谨，放不开，有时候别人开了一个玩笑，我不知道该如何回应，然后感觉自己很尴尬，傻傻的。

我也不会主动与别人搭讪，有时候还没开口说话，脸就红了。因为这样，我就很不喜欢和人交往，宁可一个人待着，读读书或者听听音乐。

我觉得自己很差劲，不被人喜欢，很失败，没有朋友；我父母也很为我担心，他们很怕我将来不适应社会。

老师，我该怎么办？我将来真的会不适应社会吗？

焦虑的小柯

小柯：

你好。我很理解你现在的心情。

我们每个人都渴望与周围人互动，都渴望被周围人接纳，也希望在与人的互动中，感受到被喜欢。尤其是到了青春期，我们会更看重与同学的交往，甚至把与同学的关系看得比同父母的关系更重要。因此，如果处理不好同伴关系，内心就会非常苦闷。

而且，长期疏于与周围人的交往，也会使得我们的心态变得狭隘和消极。如果一个人长期处于自我封闭的状态，喜欢一个人待着，不愿意与其他人来往，内心会非常孤独，甚至看到别人的时候感觉到心烦，害怕各种矛盾，然而为了避开这一切，就把自己封闭起来的话，他的社会功能就会下降，而且会对自身造成很多的不良影响，比如会导致思维模式的单一，也导致与别人不能够相容，对社会不能适应。因此，一定要想办法让自己走出自我封闭的状态。

小柯，建议你先要建立自信心。多去发现自己的优点，其实每个人在这个世界上都是一片独特的叶子，都有着自身独特的优势。发现自己的优势是让自己找到与外界联系的信心。

第一，先找到自己的一个优点，将它写下来，然后在生活中，去寻找自己的这个优点。比如，你说自己是个领悟力很强的人，那就多去寻找自己领悟力强的表现。这样做，会让你越来越强化自己这个优点，同时也更能说服自己。

第二,正视自己的担心。明白自己到底怕什么,也许只是怕人与人之间的矛盾冲突,也许是担心会被别人排斥,也许是担心不被人喜欢。当看到自己真实的担心的时候,我们就能够面对现实了。

第三,先从你信任的人开始交往。先从让你感到安全的人开始交往,可以跟他们一起聊聊天,也可以参与一些竞争性不是很强的运动,比如说去散步爬山。渐渐地就融入人群当中。在这个过程当中,学会多关心别人,多倾听别人说话。这样无论你的能力是否够强大,都会被人喜欢。

第四,学会欣赏别人,多看别人的优点、长处,自己就可以不断地学习别人的优点和长处,每个人都是喜欢被欣赏的,这样一来你就更容易被群体所接纳。渐渐地,当你的自信心壮大了,就可以与别人合作去做一些事情,也许有一点点竞争性,但是没有关系,去迎接挑战,只要走出第一步,就能走出自己的小世界。从现在开始迈出第一步吧。

李玲

突破自我封闭的方法

学会分享:一个好消息,一个好笑的笑话,不要一个人独自占有,试着与亲近信任的人分享一下。

做一个会倾听的人:做一个会倾听别人说话的人也很重要。一般来讲会倾听的人都比较受人欢迎,因为每个人都渴望被关注。

从舒适圈开始:总有一些人,让你感觉是安全的、信任的,从与他们交流交往开始,拓展你精彩的世界吧!

我该如何变得能坚持？

信件

老师：

您好！

我是一名初二的男孩。我的优点其实蛮多的，比如为人真诚、对人热心。不过，今天我想说说我的缺点，我做事情总是三天打鱼两天晒网，不太容易坚持。今年暑假，我和我的邻居小伙伴约好一起读书，他的书都读完了，我只读了一点点就放弃了。类似这样的事情太多了，小时候学乒乓球也是半途而废，学小提琴也是半途而废，妈妈觉得我是个不争气的孩子，经常说我懒，没有毅力……老师，其实我也很想成为一个能坚持做事情的人，您说我怎样才能做到呀？

小多

小多：

你好。我很佩服你对自己有一个全面的认识，既能够认识到自己的优点，也能够认识到自己的不足，并且还想办法去提升这些不足。那我们今天就来一起探讨一下，怎么才能让自己做事有毅力吧。

大家常常认为有毅力就是咬着牙坚持，看谁能坚持到底谁就赢了，其实只是说对了一半。没错，在过程当中确实是需要咬牙坚持的，但是仅仅有咬牙坚持是不够的，因为你这牙咬得累了、困了就放松了，绝对是坚持不下来的。

首先，你需要一个明确的目标，即你做这件事情是为了什么？比如说，有的同学把打乒乓球当成是锻炼身体的方式；有的同学则是想在乒乓球方面成为冠军；有的同学看到别人打，自己也随便学学吧，这属于跟风。你觉得以上几种情况哪种最不容易坚持呢？没错！就是最后一种。这种人对自己想得到什么并不明确，就是图个热闹，因此一旦遇到困难就很容易退缩了。所以一件事情想要长期坚持下去，首先要有明确的目标。

其次，要有正确的方法。正确的方法可以使你在坚持的过程中不断地克服困难，更上一层楼，也会不断产生成就感。有时候累了，想放弃了，可是想一想自己曾经坚持换来的自豪感、满足感、成就感，就又找回了坚持的力量，就可以突破瓶颈，继续走下去。

最后，想坚持下去，还需要有外在力量的支持和监督。一件事情在满足了前面两个条件之后，如果还能与别人一起互动督促，就更容易坚持。比如说，可以和朋友约好一起做某一件事情，群体的带动是很有力量的，俗话说得好："一个人可能开始走得很快，但是只有一群人才能走得很远。"因为我们都有疲惫的时候，都有想放弃的时候，都有信心不足的时候，每当这个时候看看别人还在继续坚持，我们就找到了继续前进的动力。当然在这个过程中，我们也要不断地帮助别人去达到他的目标，如此一来就互相帮助，很容易将一件事情坚持下来了。

明白了这些道理就不要再随意地给自己贴上"懒惰""不能坚持"等负面标签了,关键是分析清楚原因,找到正确的方法,很多看似做不到的事情,其实做起来也就没那么难了。

李玲

坚持到底的小秘诀

明确目标:去向哪里很重要,在行动前,就要明确目标。

阶段性小目标:要将大目标分解为小目标,一个个去达成,越是有成就感越容易坚持。

外力监督:除了自己要有强大笃定的决心,外力的支持也不可以少,可以与人约定,一起前进,这样彼此督促,更容易坚持到底。

我如何才能做个全新的自己呢?

亲爱的老师：

　　说实话，我的小学生活一点都不开心。因为我比较胖，运动技能不怎么好，有时候跑步都会遭到同学嘲笑，他们说我像只胖鸭子，有几个讨厌鬼经常在我跑步时故意跟在我身后"嘎嘎嘎"地叫。我表面上装作不在意。哼！他们以为可以用嘲笑打败我，我才不让他们得逞呢，可我的心里真的很难过。

　　而且，我还有一个毛病，就是上课时，老师一叫我回答问题，我就很紧张。有时候，明明会的问题，一紧张就不会回答了。有时候，我都能感觉到自己的舌头因为紧张不那么好使了，发出来的音是抖的，估计一定很难听。总之吧，我觉得自己的小学生活过得很失败。

　　现在总算升入初中了。我的好朋友都说，他们舍不得老同学，都说小学如何如何好，我却不这么认为。我一心想着，我要迈入新学校，我要好好做个崭新的自己。就是因为有这样的想法，一放暑假，我就让妈妈找了减肥中心，还进行了口才训练。真的收获很多呢。我看着镜子中瘦了不少的自己，觉得比以前好看多了，而且以前穿不上的衣服，现在能穿了，我心里那个开心呀！口才训练的效果更大，通过练习当众说话，练习清晰地发音吐字，我觉得再当众回答问题应该不会紧张了。

　　老师，说到这里，您知道我对新的生活充满着怎样的渴望了吧？但是，让我泄气的是，我的一个老同学，知道我所有底细的小学同学，竟然和我来到了同一个班级，这是多么悲催的事情啊！要知道，他这人有种魔力，特别容易和别人打成一片，还特别爱传播消息，我担心，我过去的事情会成为他口中的素材。我觉得老天好不公平，他明明是分到了别的学校，现在不知怎么的又和我一个班。天啊，我要做个全新的自己的梦想，就要毁在他手上了，我该怎么办？

          郁闷的瑞瑞

亲爱的瑞瑞：

  很感谢你的信任，认真看过你的来信后，深深理解你现在内心的不安，那是一种夹杂着向上的强大动力，同时内心深处又翻涌着深深的忐忑不安的感觉。

  也许，在你看来，是因为一个老同学的出现让你产生了这些不安，但我却认为，即使没有老同学的出现，你的心中也会有这些不安。虽然你自己心中铆足了劲，但毕竟未来的一切都是未知的呀！只不过老同学的出现，像一根导火线，将你这些深埋在内心的不安暴露出来。不过也好，看到它了，那我们就来一起战胜它吧！

  从你的信中了解到，你是一个对自己要求很高的人。你看，你有毅力减肥，又积极地参加口才训练，你的内心是多么地追求进步呀，而且，最可贵的是，你达到了自己的目标，这一点真的很令人佩服。

当然，从你的信中也能看到你深深的自卑，比如，对自己体重的不接纳，面对别人嘲笑的愤怒，以及对于回答不好问题的深深自责，这些都说明你对自己其实不是很认同。你特别看重别人的目光和别人的行为，不管别人做了什么，别人说了什么，对你的影响都很大。这一方面可能会驱动你去做一个更好的自己，但另一方面，也会让你情绪忽高忽低，毕竟我们每个人其实都没有办法控制别人的行为对吧？当我们对自己的评价完全来自别人的反馈时，就会显得很被动。就如你现在的处境，因为担心老同学会跟新同学说你的过去而忐忑不安。其实，这就是因为你将评价自己价值的权利，都交付给了别人！

现在我们回头来看看过去的自己吧，不用管别人，就想象一下现在的你会怎样评价过去的自己呢？如果不出所料，你可能会说"有些胖、爱紧张、遭人嘲笑……"

好了，亲爱的瑞瑞，现在请用和善的目光看着过去的自己，甚至可以对他笑一笑，过去拉一拉他的手，对他说："我才发现，你真的好棒呀！"然后，细数一下过去自己的优点吧。如果找不出，就让自己歇一会儿，继续找。反正，如果我是现在的你，我会发现你不少的优点呢，比如追求上进、努力、会控制自己的情绪、有毅力、有决心、有行动力……

试着将这些优点告诉过去的自己吧，想象一下看着他的脸庞去说这些话，你看到过去的自己脸上的表情了吗？我相信，无论他是哭、是笑，内心一定充满暖暖的感动，他因为被你鼓励而感到开心、庆幸,进而产生力量。

是的,我们每个人都需要学会自己给自己输入力量。当我们具有了这个本事的时候,你就不会太依赖外在的评价了。就现在而言,你就不会担心老同学说什么了。你会发现,原本你以为的别人会说什么,只不过是因为自己自信心不足,而产生的主观推测呢!

李玲

开始新生活的三个小仪式

换个发型:从头开始,一切都是新的。

看一次日出:太阳每一天都是新的,你也像一个初生的婴儿,开始新的生活。

充满感激地去了解一个人:去发现一个人的优点,并充满感激地去理解他所做的事情,去发自内心地感慨——这个世界真美好啊!

如何做
才能让普通的自己一鸣惊人

老师：

您好。

我是一位个子不高的男生，学习成绩一般，长相也一般，而且我的性格很内向，不喜欢在人前讲话，我到这个班级已经挺长时间了，但好几位任课老师还记不住我的名字呢。我感觉自己就像一粒微尘，可有可无，被所有人忽略。有时候我也想一鸣惊人，但是我不知道能有什么方法使得我一鸣惊人。

如果我这样一直默默无闻下去，默默地学习，默默地生活，我的人生还有意义和价值吗？

迷茫的佳航

佳航：

你好。特别佩服你，在这样的年纪就对生命的意义和价值开始了思考，说明你是一个不喜欢随波逐流、喜欢深入思考的人，这是无比珍贵的能力呀！

你在信中说自己个子不高，学习成绩一般，长相也一般，性格又内向，这些认识可能来自你对自己的一个总结和概括，也可能是你自己通过别人的评价反馈得来的，不管怎么说，当这些语言出现的时候，你已经为自己设定好了"我"是一个什么样的人了。

但是，有时候同样一个事物，我们换一个角度看就完全不一样了。比如说当夜深人静，我们仰望天空时，我们可以说你看到了黑色的夜幕，当然你也可以说我看到了满天的繁星。

所有的事物都是具有两面性的。拿你说的性格内向来讲吧，从多数人的认识来看，好像性格内向就意味着不爱说话、不会讲话、不善于与人交往，等等，但是你有没有想过，有可能正是内向的性格，使得你对自我的探索更加的敏锐，使得你对问题的思考更加的深刻，从这个角度来讲，你觉得性格内向到底是优点还是缺点呢？

不仅仅是性格内向这一点可以换一个角度去看，任何的一点都可以换一个角度去看，怎么换角度呢，换成一种发展的角度去看，换成一种乐观的角度去看，你看到的结果就完全不一样了。比如说个子不高，那现在你还处在长身体的时候，能不能通过合理的营养饮食和充分休息以及积极的体育锻炼来增强身体素质，让个子长得更高一些，当然就算个子不会很高，那强壮的身体也胜过于虚弱的高个子吧！何况在历史上，很多名人伟人个子都不高，这并不影响他们能力的发挥呀，比如说赫赫有名的丘吉尔个子就不高啊，但是这并不影响他成为一个伟大的人物。

用同样的方法，你再重新审视一下自己的其他"缺点"，也许你会得出新的结论。

再说说"一鸣惊人"。我们通常理解的一鸣惊人，都是我们的某一个举动惊艳了周围的人。这样的机会是可以去创造的,比如说通过勤奋努力使得自己的成绩在某一次考试中突然提高,或者让自己的某一个特长在某一次比赛当中大放光芒,等等。但是,我特别想说的是,真正的一鸣惊人是内在的惊艳,比如说我们克服了一个坏习惯,我们养成了一个好习惯,我们培养了一种乐观的精神,这些别人可能都看不到,但却实实在在地在我们生命当中发生作用,影响着我们的未来。依我说,亲爱的佳航,当你今天学会换一个角度看待你所谓的普通时,你就完成了一次一鸣惊人。外在的光环当然很重要,来自外界的肯定也能让我们获得信心,但是,更加重要的是我们内在对自己的肯定和掌声,难道不是吗?

接着我们来说一说生命的意义是什么吧!关于这个深奥的问题,不是几句话能说得清楚的,而且它的答案也不是唯一的,不过,我们可以从一些文学作品和名著当中找到线索,启发我们的思考。在此,我想跟你分享一部文学名著《夏洛的网》当中的一段话,这是主人公——一只叫作夏洛的蜘蛛在成功地救了他的朋友小猪之后,生命走到了尽头,对他悲伤的朋友说:"生命到底是什么啊?我们出生,我们活上一阵子,我们死去。一只蜘蛛,一生只忙着捕捉和吃苍蝇是毫无意义的,通过帮助你,也许可以提升一点我生命的价值。谁都知道活着该做一点有意义的事情。"

佳航,不知道你在读了这一段话后,对于生命的意义、生命的价值,是否有了更深入的理解呢?很多时候我们的价值并不在于赢得了多少掌声，也不在于获得了多少来自外界的认可，而是在于我们为这个世界带来了什么，做了一些什么，如果回归到这个点上，我们是不是就有了更多的主动性？一个微笑，一只温暖的手，一句鼓励的话，一个力所能及的帮助，都是我们可以做到的。

亲爱的佳航，生命除了默默无闻，至少还可以默默创造，在当下，在未来，你想好了该如何创造让自己生命变得有价值的机会了吗？

李玲

让生命有价值的方法

为他人着想：为别人着想，使得生命的价值被拓宽。

帮助别人：无论我们多么普通，在帮助别人的时候，都是充满力量的。

每天一个小善行：每天问问自己，今天我有做善行吗？哪怕是很小的一个善行，也会成为一道阳光，照亮我们的生活。

你的精力都耗到哪里去了？

咨询手记

晓威是因为学习成绩下降走进心理咨询室的。他说，学习时总是没有办法集中精力，一会儿想到了与同学的矛盾，一会儿又担心期末考试考不好怎么办？有时候，还会为没有好好学习而懊悔不已……总之，正是这些充斥在脑海中的想法，让晓威没有办法把专注力用在学习上。于是，我拿了笔，在白板上写了一个"耗"字，问晓威看到这个字，除了想到一种小动物外，会想到它的哪些动词解释？

"想起化工厂，浓浓的黑烟，炼铁炉耗掉了一吨又一吨的煤炭。"他想了想又说，"想到了熊市来临，我爸爸股票被套牢，辛辛苦苦挣来的钱越耗越少。我还想到电视剧里演的被打入冷宫的妃子宫女，在清冷寂寞中耗到香消玉殒……"

晓威思维还真发散，不一会儿就列举了很多与"耗"有关的生活事例，"耗"的"罪行"也就越来越多了，"耗"就是丢失，"耗"就是减少，"耗"就是枯竭，"耗"就是零落，"耗"就是浪费。

"对于有形的东西，'耗'这个举动，总让人心疼、惋惜，而对于无形的东西，我们是否意识到'耗'的破坏性呢？"我问晓威。比如说，我们的激情、我们的快乐、我们的活力……这些无形的财富，它看不见，摸不着，却是决定我们人生质量的关键。而这些无形的财富，却在不经意间常常被耗损。于是，我们感到郁闷、无聊、麻木、痛苦，导致我们人生质量大打折扣。是什么在耗损我们的心灵能量，我们的心灵又该如何避免耗损？

这是我们不得不关注的。

晓威悟性很好,他意识到,我是借"耗"这个字来帮自己分析问题了。他低声说:"是呀!我也觉得我那些想法,耗掉了自己的很多精力呢!"

接下来,我与晓威一起清点了那些容易损耗心灵能量的"腐蚀剂"。

对过去难以释怀:如果我当时再努力点,成绩就更好了……生活中,总有那么多的"如果"衬托出对现实生活的遗憾。也许是由于疏忽大意,也许是由于盲目乐观,我们过去的决定和行为总有着那么多不尽人意。偶尔的后悔会修正我们未来的行为,但是,如果过多过久地沉溺于对过去的后悔中,将束缚我们前进的脚步。我们的心理能量也在指向过去的无能为力中被不断消耗。

抱怨:关于抱怨,我们并不陌生。有人抱怨命运不公,有人抱怨家境不佳,有人抱怨付出得多收获得少……殊不知,抱怨只是我们没有勇气面对问题时的一种心理防御,如果我们总是沉溺于抱怨中,不但会让我们的心态越来越消极,也会削弱我们处理问题的能力。

对未来过度地担心、焦虑:过度的担心焦虑是一种极具杀伤力的心理损耗。而产生担心和焦虑的原因,正是我们对待未来的态度。当我们总是很担心失败时,就会陷入焦虑中。

不切实际的空想:不要以为目标越高越好,过大过空的目标不是理想而是空想。当一个人过度地沉溺在空想中时，对现实的思考能力就会降低。他们判断事物的时候，很容易沉浸在幻想的世界里，而不是根据客观实际。

拖延：拖延会给我们的生活带来很多负面影响，比如说，导致任务不能完成，引发焦虑情绪的出现，造成机遇的丧失，等等。除此之外，拖延还会腐蚀我们内心的激情和对事物的兴趣。

人际关系中的猜疑、妒忌：在生活中，猜忌、嫉妒、敌意经常会充斥在人与人的交往中。殊不知，当我们的心灵装满了负面情感，那些积极的情感便无处容身了。如果一个团体中的成员，彼此之间过多地猜疑、妒忌，将瓦解工作斗志，影响工作效率。

对照这些"条目"，晓威觉得自己条条沾边！他主动提出，要学习一些减少心理内耗的方法。

以负责任的态度面对过去：如果你总为过去经历的一些痛苦事件感到忧伤、怨恨、后悔，那真的很有必要清点一下"痛苦"带来的礼物了。比如，让我们总结经验、增加我们的见识、锻炼我们的心理素质……如此，对于失败、挫折你就不会难以释怀了。

巧妙利用期限效应积极行动：行动是减少心灵损耗的最有效方式。无论对一件事情是犹豫还是恐惧，只要付诸行动，投入地去做，那些折磨心灵的负面情绪将大大减弱。

不能立即行动往往是好多人的通病。虽然我们也有过经验，一旦事情被拖到最后，我们反而能集中注意力去完成任务，但在此之前，我们却"动"不起来，白白耗费很多时间和精力。心理学家认为,人们只有在接近目标的期限时,才能集中注意力去完成,这被称为"期限效应"。因此,在完成一项任务时,不妨先那将任务分成阶段性的小目标,这样一来,每一个阶段性小目标的"最后期限"将提前,以促使我们积极行动,进而减少心灵耗损。

善于发现别人的优点:当你讨厌一个人的时候,不妨多去学习一下他的优点,这样做不但有利于自我的提高,也会让你开始对他有所接纳。同时,你发出的"欣赏"信息,可能会换来他对你的好感。

人际关系中,猜忌、敌意、嫉妒只会瓦解我们的快乐,而欣赏、感激等积极情感,却可以让我们赢得快乐,获得成长,同时拥有好人缘,可谓双赢。

学业

PART 6

仰望星空，少年的路在脚下

讲台恐惧症治疗方案

晓辉是位成绩优秀的男孩，再加上开朗的性格和不错的人缘，刚上中学没多久，就被大家推选为班长。晓辉也很喜欢班长这个角色，总是尽力地为同学们服务。但是晓辉有个烦恼，就是一登讲台就紧张，因此，晓辉走进了心理咨询室。

"当班长对我来说，是喜忧参半的事，喜的是，我可以通过自己的努力，得到大家的认可；忧的是，我必须经常站到讲台上讲话。那种脊背发凉，两腿发抖的感觉，并不比一个匪徒将刀架到我脖子上好受……"

晓辉说，虽然平日里，自己是一个健谈而风趣幽默的人，但对讲台的恐惧，却是深到骨髓的。"要是为这种恐惧找个源头的话，我想，是源于小学三年级的那场朗读比赛吧！"

那时候，晓辉是班里的中队委，有一次被班主任推荐去参加朗读比赛。晓辉下了很大功夫练习朗读，几乎是到了滚瓜烂熟的地步。然而，当他信心十足地走上台时，却发现拿错了稿子，他的大脑瞬间一片空白，他想下台去换稿子，可配乐已经响起了。他只好盯着手中的稿子，拼命地搜索着记忆。然而，他还是什么都想不起来，紧张地站在灯光下，汗流进了他的眼睛，他的身体感觉要炸开了。台下骚动起来，还有同学向他吹口哨。他感到裤腿一阵温热，才意识到自己尿裤子了。

"那是怎样的恐惧与耻辱，恐怕除了我，老师和同学都无法真实体会到。"晓辉说完，长出了一口气。

晓辉完全记不得那天是怎么下台的了。第二天,晓辉连上学的勇气都没有了,可爸爸还是强行把他送到了教室门口。倒彩声、尖叫声、口哨声响成一片,晓辉真恨不得找个地缝钻进去。好在晓辉骨子里是个倔强的孩子,他拼命地好好学习,一直以来的优异成绩,改变了他在同学们心中的形象。可印在自己心中的恐惧和羞辱却始终无法消失,一直萦绕心头,直到现在……

"我逃避每一次当众讲话的机会,但问题是,当班长,很多时候都是要上台讲话的,我真是不知如何去克服了!"

心理学中,将那些突发的、引起我们心理过激反应的事件称为应激事件。应激事件造成的负性情绪情感并不会随着事件的结束而结束,而是会在一段时间内影响当事人的生活,如果处理不好,还会造成长久的影响。对晓辉来讲,小学时经历的朗读比赛事故就是一个应激事件。而接下来,父亲强势的处理方式及同学们的嘲笑,又加深了晓辉的心理创伤。虽然他经过努力学习,改变了同学们的态度,但是,伤疤并没有真正消失,而是藏在了他的内心深处。这些伤疤,就像一个按钮,一旦遇到类似的场景,按钮就会被触动,那些曾经的恐惧和尴尬就会重新出现,心理体验也会回到曾经的那一刻。虽然事过境迁,但那种心理体验,依然是一个小孩子面临突发事件时的心理反应。

实际上,不仅仅是晓辉,我们对很多事情的恐惧,也并不是此时此刻的,而是勾连着过去的伤痛。这种痛上加痛,加剧了我们的恐惧。但是,我们常常不能很好地捕捉过去的伤痛，于是，会认为所有的恐惧都是当下的场景造成的，进而变得更加不敢面对了。除了过去的旧伤在暗中影响着我们，我们对事物的认知，做事的方法，也会影响我们。对晓辉来说，也是这样的。

一般来讲，那些对上台讲话恐惧的人，往往都有着以下的心理特点。

恐惧失败。人在其动机体系中存在着两种不同的倾向，一种是追求成功的需要，它驱使我们去追求成就；另一种是避免失败的需要，即对失败的恐惧迫使我们去躲避那些与成败有关的情境和任务。当前一种动机大于后一种动机时，你会有很强的好胜心和表现力，努力追求成功并为自己不断制造机会；而当避免失败的动机大于求胜的动机时，你则要回避一切产生竞争输赢的情境，总处于一种对失败的忧虑之中，不敢充分地表现自我。而对失败的害怕程度，则与我们对失败的看法有着很密切的关系，如果我们把失败当成人生的失败，价值的丧失，致命的打击，那么我们对失败的恐惧就会加重；相反，把失败看成是成功的阶梯，看成是对生命的锤炼，对失败的恐惧就会减轻。

缺少信心。我们的自信，一方面依赖于外界的评价，另一方面依赖于内心的自给。而且，随着我们不断地成熟，内心的自给应该成为自信的主要来源。但对内在自给不足的人来讲，他们便过分地依赖外界的评价，过分地在意别人的目光。做一件事情，首先想到的是"别人会怎么评价""别人会怎么看待"，而过分看重别人评价的一个后果就是裹足不前,因为你永远无法让所有人都满意。

缺少承担责任的勇气。如果在我们的成长过程中,被替代或被照顾得太多,那我们就会形成依赖的性格。有依赖性格的人,与别人合作完成任务时,往往会很尽力,也很出色,但是,一旦让他们独自去完成一个任务时,内心的慌乱则是无法形容的。而登上讲台,意味着需要一个人去承担演讲的成败,这种高责任高风险会使习惯依赖的人望而却步。晓辉从小到大,除了朗读比赛事故外,确实都比较顺利,没有经历过什么挫折,在家里,又有父母的保护。

于是,我与小辉一起探讨了克服讲台恐惧的方式。

改变自我实现预言:在心理学中,有一个名词叫作"自我实现预言",意思是使自己的预期成真的预言。也就是说,一个人一旦形成了一种期待,他就会把这个信念当成真实的,从而朝着这个方向去准备或努力。最终,他的行动使信念变成了现实,实现了预言。如果总是想象失败的场景,那注意力就会被对失败的恐惧所占据;而如果能想象站在台上的出色表现,内心就会产生力量和向往,继而所有的精力就会放到如何努力达到目标上了。

充分的准备:讲话素材准备好了吗?知识点弄透了吗?充分的准备,像有力的武器,为奔赴"战场"的你壮胆助威。我们发现,不少讲台恐惧者,往往会有一系列借口——"时间太紧了,我没准备好!""真倒霉,我的身体状态不佳!"如果屡屡被这样的偶发事件困扰,那说明,你的内心深处有逃避倾向,潜意识会让你故意不去做充分的准备或是故意找借口,来推卸自己的责任。但是,逃避只会让自己的信心更受打击。而你的勇气只有在不断地面对困难中强大起来。

树立正确的努力目标:问问自己,你在和谁比?如果你总是把比的目标定位在别人身上,那么,你很可能会有挫败感,因为每个人的优点和特长不一样,而不自信的时候,会常常禁不住用自己的不足去跟别人的优点比。最好的办法是和自己比,只要这次的讲话比上次有进步,那就是一次超越。与自己比的过程,是最容易建立信心的过程。你会发现,很多障碍会在与自己比的过程中,不知不觉地被逐一突破。

晓辉脸上的愁云渐渐散去,他说,他决定试一下这些方法,他知道,成长就是一个不断克服困难的过程。

克服讲台恐怖症的小妙招

充分准备:充分的准备可以增加你的信心,从比较短的材料开始,有了信心之后再加长,对于短的资料如果能厘清第1点、第2点、第3点,则更容易记忆。

承认自己的紧张:越掩饰越紧张,如果能够坦然地承认自己紧张,其实已经放松很多了,在演讲前告诉大家,有一些紧张,你相对来讲会更放松。

设立最低目标:比如,这一次我如果能够成功地站到讲台上,就算成功了,之后的任何一个表现都属于附加分,这样自己就没有了心理负担,只要达到了最低的心理期待,之后就是进步了。

我很努力，
为什么学习成绩不理想？

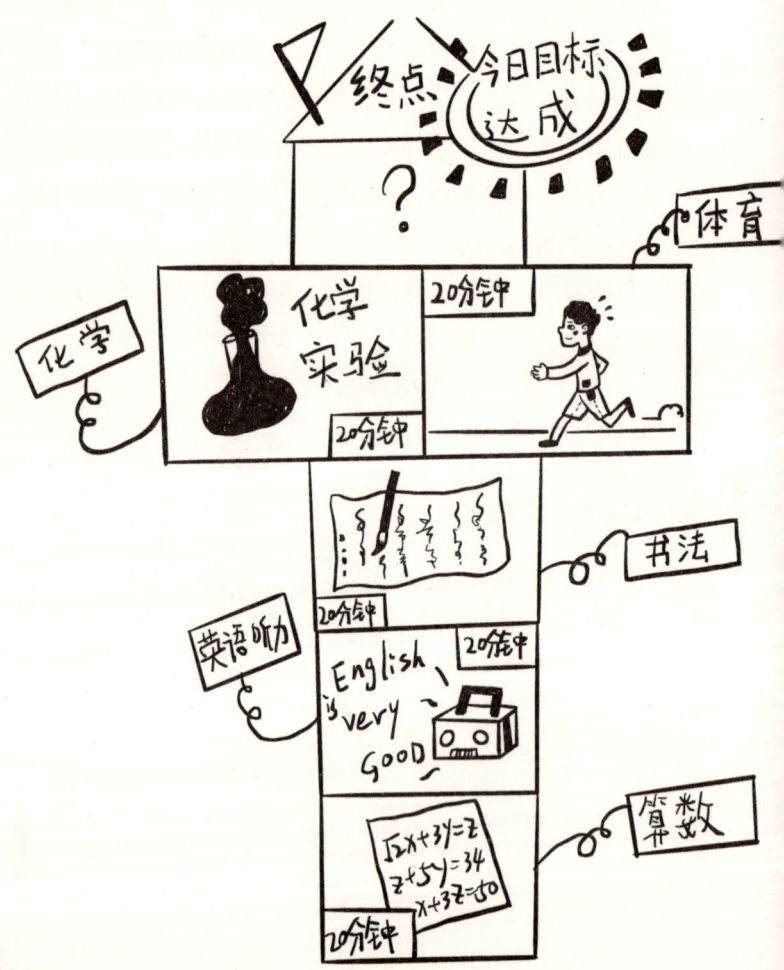

老师：

您好！

我做事情容易三天打鱼两天晒网，而且学习知识眉毛胡子一把抓。有时候妈妈看到我的学习状态会很担心。我的桌子上放着好多门功课的书，一会儿拿起这个，一会儿拿起那个，结果哪一门功课也没有深扎进去。

另外，如果一段时间我对一门功课感兴趣，那么我就总是看这门功课。对于不太擅长的功课就会置之不理，然后成绩开始下降。妈妈督促我补课，有时候会找家教。但是，这门刚补上来，另一门又出现问题了。

我也不是不努力学习。有时候考试临近，我会复习到很晚才睡觉，妈妈看着也很心疼。

我的问题到底出在哪里？我真不知道该怎么办才好。

受困扰的小彬

小彬：

你好！我很欣赏你能提出这样的问题，看得出你是一位对自己负责的学生。

凡事预则立，不预则废。你虽然聪明，也努力，但是因为对整体的学习任务缺少一种规划，使得学习效率事倍功半。

学习计划对学习效果有着重要的影响。毫无计划的学习是散漫疏懒，松松垮垮的，很容易被外界的事物所影响。因为不知道自己此时的学习要达到什么样的目标，很容易就放弃了。就像我们走路，不知道走到哪里，那干脆放弃或返回算了，计划就是让我们知道，目标在哪里，下一步在哪里。

一份好的计划，一定是基于对自己目前状态的全面认识的。比如，自己学习的强项在哪里，弱项在哪里，要怎么为它们分配时间？这样分配是不是合理？这些思考，让我们对自己认识清晰，在投入精力和时间上更加游刃有余。否则，只是稀里糊涂地在学，并不知道这个方式是否有利于自己。

合理的计划安排使你更有效地利用时间。你会知道多玩一个小时就会有哪项任务完不成，会给你带来多大的影响。有了计划，每一步行动都很明确，也不要总是花费心思考虑下一步该学什么。学习计划的目的，绝对不是让我们的生活只剩下学习一件事情，而是因为提高了学习效率，我们能更全面更健康地发展。那么如何制订切实可行的学习计划呢?

首先要做全面的自我了解。在制订计划之前要全面地分析自己所处的学习状况。哪一科是强势的?哪一科是需要重点往上补的,哪一科是有潜力的?在各个科目上,平均所用的时间有多少?有时候需要参考老师的意见,来帮助自己完成自我了解。在这个基础上才有可能做出适合自己的学习计划。

另外,制订学习计划的过程中,要避免两个误区:节奏制订得太紧或者太松散,目标定得太高或者太低。有时候,我们容易心血来潮,认为只要我制订了计划,就一切万事大吉了,于是时间安排很满,目标过高,结果执行难度大,无法获得成就感,没多久计划就作废了;还有一种情况是将计划定得太低。制订计划的目的是在现有基础上,通过计划的约束指导,能够进一步的提高效率。如果计划定得很低,甚至比现在的状态还低,那显然达不到督促提升的目的,计划也就没有意义了。

在制订计划时我们要把长远计划和近期计划相结合。长远计划可以是一学期,或者一学年。但一定要在长远计划的下面分别列出每个月的计划。列出月计划的时候,我们就会对每周所要达到的目标有更清晰的认识,在周计划的基础上,继续制订属于每天的计划。计划从远到近,从概括到具体,可以帮助我们一步一步去实现目标。

最后,我们一定要保证计划有弹性。有些时候我们制订计划,容易将计划制订得满满的。事实上,我们每天都有可能发生一些意料之外的事情。计划制订得过于死板，很容易在实际生活中无法完全执行，那计划就被迫作废了。

弹性时间是用来应付实际生活当中发生的一些突发事情的。比如每天有一段弹性时间，如果能够按部就班执行，这段时间就可以用来自由支配。可以读书、放松，也可以温习功课。可是一旦生活当中突发了一件事情，冲击了计划。弹性时间便可以用来安排和补偿既定的计划。以保证计划可以长期实施。

说了这么多，你一定了解学习计划的重要性了吧？接下来，请拿出一些时间和精力来，为自己制订学习计划吧！相信一份合理的学习计划，会让你受益匪浅，帮助你走出努力却成绩不理想的窘境。

李玲

制订合理的计划

以了解自己为前提：每个人都有属于自己的特点和情况，做计划前，要对自己进行详细地分析。

计划要远近结合：以长远目标为导向，制订一个个短期目标。

计划要有弹性：计划不是要把人逼得像机器一样运转，相反，一份合理的计划一定有弹性。

我该如何高效利用课堂45分钟

老师：

　　您好！我很希望提高自己的学习成绩，所以自从上中学以来，我学习很努力，每天晚上都学习到很晚。但是，学习成绩却没什么变化。后来，老师帮助我分析原因才发现，问题出在了课堂45分钟听讲质量上。比如说，前面上了数学课，下一节是历史课，我觉得历史考试时复习一下就可以了，课上不需要听讲了，于是就在历史课上做数学作业。等到快考试的时候，我才发现，因为没有听课好多知识点都很陌生，使复习的难度大大增加。于是，我只好把大部分时间用来复习历史，结果就没有时间复习数学了，考试下来，数学成绩也不理想。

　　我现在想，是不是应该让妈妈给我报个补习班。而老师说我这种想法是错误的。我到底该这么做才能高效利用课堂的45分钟？

烦恼的岳岳

岳岳：

你好！你在遇到困难时，能主动寻找问题所在，并积极寻找解决方案，真的很值得赞扬。我很高兴能来帮助你。

下面我们先来认识一下课堂教学。老师讲课呢，是根据教学大纲的要求，以课本为基础，再参考有关资料，结合同学的实际情况，经过认真准备之后再进行教学。所以，无论在深度上还是在广度上都超过了教材本身。如果学生上课时能和老师密切配合，一般地说，是可以取得良好的学习效果的。如果忽视了听课这一环，就是丢掉了主要的东西。所以说，自己看看历史课本就能学好历史的观点是完全错误的。在今后的学习中，真的需要做到课堂上跟着老师的思路走。

有些同学报了课外辅导班，在课堂上听课便不用心了，认为反正到辅导班也可以学习。实际上，课外辅导班在知识的连贯性、系统性、灵活性等方面都没有校内教学老师考虑得周到。另外，课外辅导班充其量只能算"加餐"，如果学生把课外辅导班当成"正餐"，势必会导致营养不良。你提到让妈妈给报补习班，不是不可以，但是千万不要指望补习班代替课堂听讲，否则会导致你的补习班起不到任何作用，甚至还会起反作用。

为了提高上课质量，建议你能提前预习。关于预习，这里需要提醒你。有预习的习惯，这本来是个好事，但是有不少同学预习之后，再听老师讲课的时候，觉得好像都有点印象，于是便将有点印象当成了理解，反倒放松精神不好好听课了。实际上，这是很不明智的做法。首先，将一知半解当成理解透彻，本来就是错误的；第二，预习时，同学自己看到的往往只是零散的知识点，但是老师讲课时，背后是有整体思路的，常常会将知识点串起来，如果错过了整体思路的把握，其实是很大的损失。

那么，如何做能让45分钟变得高质量呢？

首先，做好课前准备。预习好课本的内容，准备好上课的用品，铃声一响，快速地投入到课堂中，这就使得45分钟更高效。相反，如果铃声响过才慢腾腾走进教室，就很难立刻进入上课状态。有时，人进了教室心还在操场上，再加上学习用具没有准备好，不是钢笔没墨水了，就是找不到书了。老师讲了半天，还听不进去，就等于45分钟减去了5分钟、10分钟。其实，精神集中，越学越有劲，越学越主动；思想开小差，一步没跟上，便步步跟不上。因此，课前的准备工作，对于迅速切换到课堂状态至关重要。

其次，要学习老师处理问题的方式。在课堂上思维活动要跟上老师的思路。有经验的教师提出问题、分析问题、解决问题，都有一套方法。他们的思路遵循了教材的大纲要求和认识的客观规律。会听课的同学，一方面是学知识，另一方面就是学思考方法，学处理问题的方式。

最后，学会高效记笔记。记笔记，不是只简单地记老师所讲的或板书所写的，而是要求自己记下：第一，老师讲课的重点、难点内容；第二，老师讲课所涉及的背景知识和相关知识;第三,记下自己不断产生的疑问;第四,记下自己的感想、体会等。这样边听边记,边听边批,边听边写,效率就大大提高了。

李玲

关于"记""批""写"

记:就是记要点、记难点。听了一段时间的课如果抓不住要点,那就是没听进去。

批:就是把自己的体会、看法写下来。

写:就是把自己思考的问题罗列出来,供自己进一步思考之用。

避免养成好逸恶劳的懒惰行为

生活镜头

天天已经是个中学生了，但是他的房间里还总是乱糟糟的。妈妈说，因为爷爷奶奶过分疼爱天天，什么事情也不让天天动手做，所以天天养成了衣来伸手、饭来张口的习惯。吃零食时，包装袋也总是乱丢，从来不会放到垃圾桶里。

不仅在生活上如此，在学习上，天天也缺少积极性。老师布置的作业，天天拖拖拉拉，慢慢吞吞，到最后只能草草了事。老师反映，天天的作业有时候写得真像天书。另外，天天看起来，也显得活力不足。比如大家一起春游，同学们有的做游戏，有的聊天，只有天天没精打采地靠在一块石头上，一副对什么事情都不感兴趣的样子。

这种懒散的行为不仅让家人感到不愉快，而且让天天自己失去很多快乐。

懒惰的典型症状

做事爱拖延：明知道这件事应该今天完成却总拖到明日再去做，做事情不够专注，常常边玩边学，拖得时间晚了，就想明天早晨早点起床再完成，而第二天却很少能提早醒来。经常这样拖来拖去，导致成绩下降。

依赖心理严重：懒散的孩子，在行为上，容易依赖别人。比如在学习中，不爱主动思考。集体回答问题时，心里想：反正我不举手，也会有人说出正确答案。这种依赖别人的懒惰心理只会使思维变得越来越迟钝。

做事爱偷懒：懒散的孩子做事时总是无精打采、懒懒散散、拖拖拉拉；做事不积极、不主动、不勤奋。比如，集体打扫卫生，懒散的孩子不会主动去承担任务，做事情的时候，经常偷工减料，应付差事。

懒惰的其他表现：缺少兴趣爱好，不爱从事体育活动，心情也总是不愉快；只关心自己暂时的安逸，对周围漠不关心，别人遇到困难也很少出手相助；日常起居无秩序，无要求，不讲卫生；常常迟到、逃学且不以为然；不能专心听讲，不能按要求完成作业，文具常不配齐；学习缺少主动地思考问题的精神，有时候会出现抄袭作业应付差事的行为。

懒惰的心理成因

依赖性强：有些家庭，溺爱孩子，从小什么事情都由大人包办代替，认为孩子学习好了就行了。殊不知，这种溺爱会养成孩子什么事情都要靠父母或其他人的习惯，没有主见，缺少独立性，他们在家依靠父母，在学校依靠老师，在社会上依靠其他人。这种依赖性就是导致懒惰的主要原因。

缺少上进心：上进心是前进的动力。缺少上进心的孩子做事容易满足，对自己要求不高，得过且过的思想严重。做事不求真，不求质量，不求快节奏，常抱着"应付"的态度和"混过去就行"的不负责任的态度。

缺少自我认同感：有些家庭对待孩子的态度比较粗鲁，孩子犯了错误非打即骂，渐渐地，孩子养成了宁可不做事情，也避免被惩罚的心理。同时，由于家长粗鲁的家教方式，导致孩子自我价值感卑微,遇到一些挑战的事情,会本能逃避,结果导致越来越往边上躲,越来越不敢承担责任的后果。

矫正懒惰习惯的方法

懒惰是成功的绊脚石,在充满困难与挫折的人生道路上,懒惰的人习惯于等、靠、要,从来不想去求知、发明、拼搏、创造,最终只能是一事无成。

养成规律的生活习惯:要养成每天清早按时起床和外出锻炼的习惯,改掉赖床的恶习。起床后,要自己叠被子,收拾床铺。

分担家务:在家里主动帮父母干一些力所能及的事情,帮助父母打扫卫生、洗自己的衣物。在学校认真完成值日,不依靠别人,积极参加学校组织的各种劳动、远足活动,从而锻炼意志,磨炼耐力。

管理时间:各科作业都严格按老师规定的时间保质保量地完成,逐步养成不完成作业不睡觉的习惯,改掉"明日复明日"的想法;同时,在做事情的时候,也要有时间观念,比如说收拾屋子、烧水等多个家务事一起出现时,要练习自己分配时间的能力,明白一寸光阴一寸金的道理。

树立榜样:找一个学习勤奋、做事勤劳的同学作为自己的榜样,并请这位同学多帮助和监督自己。天天坚持检查自己的行为,如果当天没有懒惰现象发生,就在当天的日记中记录一下,表明进步了。只要坚持一至两个月,久而久之,就会养成良好的习惯。

设定具体目标体验成就感:可以先设定一个容易达到的

目标,比如,在一段时间内,练习把写字台收拾利落……练习几天后,等学会了这个技能,再开始下一个。这样做容易感受得到成就感,进而建立信心。

该如何克服爱拖延的坏习惯？

老师：

  您好！

  我学习挺努力的，就是有个毛病，做事情爱拖拉。这个毛病好像从小就有。比如小时候，爸爸妈妈上班，留我一个人在家，他们走之前，会给我布置当天的作业。每一次，我都觉得这点作业不多呀，我一会儿就写完了。但是，爸爸妈妈走后，我一会儿看看电视，一会儿玩玩游戏，心里想着，反正作业不多，一会儿再做，结果拖来拖去，往往是拖到爸爸妈妈下班了，我作业还没有做。爸爸妈妈为此批评我，我觉得很委屈。

  其实也不仅仅是学习这样，生活中一些其他的事情，我也容易拖延。就拿收拾书包来说吧，每天晚上写完作业，我本来想着，把第二天用的书收拾好了，但是经常是懒得动了，干脆第二天早上再收拾吧！我的脑子里也会想一想第二天用什么书。但是到了第二天早上，时间就很紧。有时候经常是忘了这个作业又忘了那个课本。为这事情也没少被老师批评。

  我妈妈特别烦我这个习惯，甚至我一说"等会儿"，妈妈就会生气。

  我也很想改，可是我该怎么改呢？

果冻

果冻：

你好！看得出做事拖延这个习惯真的挺让你烦恼的。说实话，有这个习惯的人，还真不少呢！

由于种种原因，我们对于应该做的事情，总不能很快采取行动，而是一而再再而三地拖。可以肯定的是，拖拉不能使事情自动解决，反而会让我们产生压抑、自责、后悔、自尊心下降等负面的感受。

一般来讲，以下两种情况最容易出现拖拉现象：一种情况是我们认为事情很简单，很容易完成，于是便将这件事情拖下去，直到最后的期限才去做；另一种情况是我们对自己所做的事情没把握，感觉困难，于是迟迟不肯行动。但是，无论是哪一种拖延，都只会使事情变得糟糕。因为觉得事情简单而进行拖延的人，经常会产生"如果早行动就好了"的后悔情绪，由于拖到最后，事情的完成后果，往往不像我们期待中的那么好，同时，由于受时间所限，做这些简单事情时，心中也会伴随焦虑不安的情绪，会让人对自己的能力产生怀疑和否定情绪。经常拖延简单事情，无疑是对自信心的一种伤害。

要想避免对于简单事情的拖延，做出一份合理的计划是非常重要的。只要这件事情对你来讲是重要的事情，都要优先完成，而不要因为它简单就往后拖。当然，把简单的事情分割，然后将每一小块任务穿插在你的日程安排中去完成也是不错的方法。

再来说说那些因为困难而被拖延的事情。实际上，想象中的困难远比实际的困难大得多。比如，一个因为觉得演讲困难而迟迟不肯准备演讲稿的人，他通常会把演讲失败的后果在内心中想象得远比实际中的更严重，他们试图通过拖延来逃避，或者希望能够在等待中，有一个非常完美的文章出现于脑海。而事实上，拖延除了让自己越来越焦虑之外，于事情的解决是毫无帮助的。

要想克服这种拖延，首先必须认识到绝对的完美是不可能的，你现在的行动和接下来的行动会决定事情的结果，拖延只会让结果更糟糕。你可以在内心中对自己说："如果一个人从来不犯错，那是因为他什么也不做。"

其次，可以将困难的任务分解，你会发现，让你感到困难的绝对不是整个任务，而是任务中的一部分。然后，去马上攻克最让你感到困难的那部分。之后你会惊奇地发现，让你深感不安、不断拖延的事情，实际上你只用了很短的时间就解决了。

给自己奖赏也是很有必要的。在攻克一个难题之后，让自己听一曲优美的音乐，品尝自己喜欢的食物，或者看一场自己喜欢的电影。这些奖赏可以强化你克服困难的行为，逐渐地，你将对困难积极出击而不是消极拖延。

最后，希望你相信，办法总比困难多。先把这些办法在生活中运用起来。让它一点点发生效果，不知不觉中，你已经与一个坏习惯说拜拜了。

李玲

改掉拖延习惯的小妙招

提前做好计划:新的一天开始,那就计划好今天准备做什么、什么事情要今天完成、什么事情不是那么重要、什么事情可以不做。当你将事情进行了详细的划分,就做到心中有数了。

今日事今日毕:对于有些事情,需要做到"今日事今日毕",对于有些无法今日毕的,要划分小目标,对于小目标要今日毕。

立即行动:避免拖延就要立即行动。不要畏难,任何事情只有做起来,才能向前推进。

如何培养自己的探究精神?

信件

老师：

您好！

我最近挺受刺激的。我的表哥，以前学习成绩不如我，但是最近他的一个小发明，获得了全市的二等奖。为此，姨妈请客吃饭，大家都夸表哥爱动脑筋。

实际上，表哥的学习成绩从来没有像我一样进入过前三名，但是，大家依然认为表哥很牛。我的心里就有点不是滋味了。

我的班主任认识我表哥，那天班主任鼓励我说，要好好培养自己的探究精神，会比表哥更优秀的。

我该如何培养自己的探究精神呢？您能给我讲一讲吗？

很想进步的小宇

小宇：

你好。看得出你是一位积极追求进步的人。最近的烦恼来自你与表哥的比较，看到大家夸赞表哥，你的心里有点不平衡，毕竟你认为自己的成绩比表哥好，对吧？

我想说的是，一个人是否优秀，的确不是只通过学习成绩这一个衡量标准进行衡量的，你的表哥喜欢发明，这说明他爱动脑、爱琢磨、爱创造，其背后的确是有着很不错的探究精神的。好在，表哥的进步也激发了你进步的动力，这真是个好事呢，相信，你也完全可以培养起自己的探究精神。

探究精神特别重要，不但会激发我们的主动学习意识，还可以帮助我们建立学习兴趣，养成深入学习的好习惯，还能培养坚强的意志力。爱迪生发明电灯，先后用了6000多种材料，实验了7000多次，但是一次次试验，一次次失败，爱迪生锲而不舍，不在意别人的嘲笑，终于成功发明了电灯。爱迪生身上就极好地体现了探究精神。

除了你表哥，在我们周围还有很多爱探究的学生，他们的探究精神，不但很好地奠定着自己的人生价值，也推动着社会的进步，同时，对于学业本身也有很好地促进。比如，四川自贡一名学生发明的"007太阳能自动跟踪接收器"，利用对比电路控制基板自动转向，与太阳如影随形。而且，接收器本身的工作电源也是太阳能提供，不另装电池，这又减少了环境污染。再比如，深圳的一位男孩，因为妈妈每天早上六点多起床打豆浆，豆浆机声音太大扰人，于是就发明了隔音防护罩，装上这个东西，躺在卧室里再也听不到厨房内打豆浆的"隆隆"声了。深圳没暖气，冬天在室内玩电脑还挺冻手的，这个男孩发明了"暖手键盘"，键盘表面可以保持恒温，这个深圳男孩有8项发明获得国家专利。

那么，该如何培养自己的探究精神呢？

首先，要培养自己热爱生活的特质。探究精神离不开生活的土壤。平日里，要积极参与家庭劳动，在完成家务的过程中，要有意识地思考如何能更高质高效地完成任务。刚才提到的中学生发明家，他们的很多灵感就是来自生活中的探究。

其次，要培养自己解决问题的能力。中学生正处于求知欲旺盛的阶段，只有不断地动脑，深入地学习，才能形成探究精神。而解决问题的过程，就是不断动脑深入学习的过程。因此，对于生活中遇到的问题，或者书本中遇到的困惑，要主动去探索答案。无论是通过查阅资料寻找答案，还是通过实践去找答案，都是在学习解决问题。

再次，要有意识地拓展视野。除了博览群书，还要多走进大自然，走进博物馆，如果有条件，也要多旅游。在这个过程中，自己的视野会得到拓展，进而让探索思路也得到拓展。

最后，祝你和表哥共同进步，共同拥有卓越的探索精神。

李玲

培养探究精神小妙招

热爱生活：对生活的热爱，是激发创造力的强大动力。

解决问题：提出问题很重要，提出问题后，再去想想该如何解决。

拓宽视野：一个人的视野是有限的，除非有意识地拓展。读万卷书，行万里路，都会让自己的视野得以扩展。

巧妙利用悲观性格，助学习一臂之力

禾禾的成绩虽然稳稳地排名全班第五名,但是每次考试前,禾禾都很担心自己成绩不及格,他有时候甚至想,我不会成为全班倒数吧!当然,禾禾的一个优点是,他不会让自己沉浸在这种担心中,他会比别人更早采取行动,提前进入到复习状态中。

事实上,每次考试,禾禾的成绩都很不错。

心理点评 性格没有好坏之分

在生活中,我们总认为乐观性格更有优势,所以,我们不停地强调乐观。实际上,任何类型的性格,都有它的优势,关键是看我们该如何转化性格的特征为优势。

如果你性格有些悲观,那么该如何利用悲观的资源呢?

有心理学家曾做实验证明,比起强迫悲观者运用乐观的思考方式解决问题,发挥他们性格的优势,让他们运用悲观但具有建设性的方式去解决问题会显得更有效。实验者将悲观性格的人分成三组来进行飞镖射击比赛。让第一组人转移注意力想其他事情来放松赛前的心情;让第二组人对自我进行积极暗示,即告诉自己一定可以射好来进行赛前调整;而对于第三组,则让他们顺应自己的思考方式,去尽可能地想象自己会射得很差,然后去思考应对之道。结果证明第三组的成绩是最好的。密歇根大学的心理学副教授 Edward Chang 也曾在统计一项实验的成功率时发现,与乐观主义者相比,相对悲观的人更能获得准确的数据。

这些调查研究都推翻了一直以来人们认为只有乐观者才能成功的论断，给予悲观性格者极大的肯定。当然，并不是所有的悲观者都更容易取得成功，只有那些在预料到消极后果后积极采取行动的悲观者才与成功有缘。比如禾禾，虽然在面对事情的时候，他会悲观地预测很多不利的后果，但并不是陷入忧虑中去"自我损耗"，而是积极行动让事情朝好的方向去发展。

总之，就像硬币具有两面一样，悲观的负面思考方式也具有它的优缺点，如果能发现它的优点，并善加利用，它的确会成为一种很强大的力量。以下就是悲观者弥足珍贵的优势。

1. 对待事物更容易有周密的分析和思考

比起乐观者，悲观者更容易将事情的细节纳入思考范围，因为他们会担心"每一点"的失败。不过，这种预测相当于一种思维模拟，即把将要发生的事情在头脑中进行演练。虽然悲观者们更倾向于去夸大事情的困难和挫折，但"矫枉过正"的行为，他们会进行更周密的分析和思考。这会养成他们爱思考、更细致的性格优势。

2. 对待困难更容易有持久的耐力

因为对困难和挫折有了足够的心理准备，因此，当困难和挫折真的发生时，悲观者们有着更持久的耐力，因为发生的一切不过是"预料之中的事"。而这种对现实的接受心态，也使得他们能将精力更多地放在事情的解决上，而不是做无谓的挣扎和抱怨。

3. 对待结果更容易有美好的感受

我们对事物的感受，不仅仅取决于事物本身，同时也取决于我们主观上对事物的评价，而这种评价，与我们对事物的本身期待有着很大关系。因为悲观者们最初将对事物的期待放在了一个较低的位置，一旦出现比较好的结果，他们反倒容易"喜出望外"，收获良好的心理满足感。同时，悲观的思考方式，又会让他们避免陷入得意忘形中。他们可能做的，是付出更大的努力，去争取更多的良好体验。而这正是将他们推向成功的行为轨迹。

4. 对待任务更容易脚踏实地

悲观者看待问题的低调态度，让他们很少走极端或者去冒险，这虽然使得他们看上去不够有魄力，不够标新立异，但他们脚踏实地的行为方式，却容易让他们在某一方面做专做深，同时，他们低调谦和的处世态度，也更容易赢得信赖，从而收获好人缘。

心理支招　悲观者专供营养补给

有一些能力和素质，对于悲观者来讲，是必要的催化剂。只有拥有了它们，悲观者才能摆脱性格劣势面的限制，而充分地利用性格的优势面。

制订目标的能力：患得患失是悲观性格的一大劣势，如果缺少目标，悲观者便很有可能会裹足不前。因此，悲观者需要有清晰的目标来指引自己较为缓慢的脚步。不妨花些时间去思考自己感兴趣的是什么？自己想要的是什么？自己渴望达到一个什么样的状态？这些思考会帮助自己制订出一个努力的目标。而一旦定准了目标，悲观者踏实坚韧的性格优势就有了施展的可能。

将担忧具体化的能力：受负性思考方式的影响，悲观者常常会无端地放大很多负性事件，从而让自己陷入恐惧和不安中，将自己"吓坏"，但是如果具备了将担忧具体化的能力，悲观者则会冲出恐惧的束缚，避免精力的损耗。学会与自己对话是将问题具体化的好方法，每天给自己半个小时安静的时间，做自己的对话者和倾听者，问自己感到困惑的问题，比如，当因为恐惧而不敢做一件事情时，可以问自己究竟害怕的是什么？是什么事情让你害怕？是害怕事物本身的失败还是害怕别人的评价……这样一来，无端的恐惧和泛化的苦恼，便会越来越集中到一个点上。这个时候，你就会发现，你需要解决的其实只是一个问题，而不是杂乱无章的困扰。

强有力的行动能力：行动力是悲观者最佳救助力。没有行动力，悲观者很可能会专注于负面思考导致的负面情绪中无法自拔，而迈出第一步，是至关重要的。寻找榜样、赢得支持、明确任务的意义、为任务制定期限，都是督促自己马上行动的好方法。而一旦进入状态，悲观者就很有可能会凭借自己的踏实认真跑赢全局。